Ein guter Platz zum Leben

Barbara Arzmüller

EIN GUTER PLATZ ZUM LEBEN

Wie Sie Ihr Zuhause energetisch klären
und die Lebensbereiche stärken

Haben Sie Fragen an die Autorin?
Anregungen zum Buch?
Erfahrungen, die Sie mit anderen teilen möchten?

Nutzen Sie unser Internetforum:
www.mankau-verlag.de/forum

Impressum

Bibliografische Information der Deutschen Nationalbibliothek
Die Deutsche Nationalbibliothek verzeichnet diese Publikation in der
Deutschen Nationalbibliografie; detaillierte bibliografische Daten sind
im Internet über http://dnb.d-nb.de abrufbar.

Barbara Arzmüller
Ein guter Platz zum Leben
Wie Sie Ihr Zuhause energetisch klären und die Lebensbereiche stärken
ISBN 978-3-86374-502-8
1. Auflage Februar 2019

Mankau Verlag GmbH
D-82418 Murnau a. Staffelsee
Im Netz: www.mankau-verlag.de
Internetforum: www.mankau-verlag.de/forum

Lektorat: Redaktionsbüro Julia Feldbaum, Augsburg
Endkorrektorat: Susanne Langer-Joffroy M. A., Germering
Gestaltung Cover/Umschlag: Andrea Janas, München
Layout und Satz: Lydia Kühn, Aix-en-Provence, Frankreich
Energ. Beratung: Gerhard Albustin, Raum & Form, Winhöring

Zeichnungen/Schilde: © Barbara Arzmüller, Gangkofen

Druck: Druckerei C. H. Beck, Nördlingen

Für alle Menschen,
die nach einem guten Platz im Leben suchen

INHALT

TEIL 1
WENIGER UND MEHR 17

TEIL 2
DUNKELHEIT, LICHT
UND FARBEN 61

TEIL 3
AM RICHTIGEN ORT 89

TEIL 4
ZUR RICHTIGEN ZEIT 133

VORWORT

Einen guten Platz zum Leben haben. Schön wohnen. Eine klare und positive Energie wahrnehmen. Das alles bedingt sich. Wir müssen uns nicht entscheiden, nicht zwischen materieller und spiritueller Qualität wählen. Wir sind als Menschen auf die Erde gekommen und tragen den göttlichen Kern in uns. Daher haben wir Zugang zu beiden Welten, zur irdischen und zur himmlischen. Unsere Aufgabe ist es, die Ebenen miteinander zu verbinden.

Meinen persönlichen Weg sehe ich darin, diese Verbindung auf die eigene Persönlichkeit und die räumliche Umgebung zu beziehen. Spirituelle und psychologische wie auch künstlerische und gestalterische Themen haben mich schon immer fasziniert. So habe ich meinen Beruf als Innenarchitektin mit dem Wissen von Astrologie, Feng Shui und Familienstellen ergänzt. Durch viele Zusatzausbildungen und auch durch lange Aufenthalte in der Wüste erweiterte sich mein Bewusstsein für die Zusammenhänge von innen und außen. Inzwischen empfinde ich es als selbstverständlich, alle Themen zu verbinden. Sie gehören ja auch zusammen. Nichts ist wirklich losgelöst.

Aus diesem Grund hat nicht jedes Kapitel in diesem Buch mit dem Wohnen zu tun, zumindest nicht vordergründig. Da sowieso alles zusammenhängt, nach dem Grundsatz »wie innen, so außen«, spielt es keine Rolle, ob man innen oder außen mit Veränderungen beginnt. Manchmal empfiehlt es sich, an der eigenen Einstellung zu arbeiten, um echte Harmonie zu erschaffen, manchmal ist eine neue äußere Ordnung oder ein starkes Symbol vonnöten.

Das Sortieren und Klären kann beispielsweise im Inneren wie im Äußeren stattfinden. Der Zustand auf der einen Ebene bedingt den Zustand auf der anderen Ebene. Das gilt genauso für das Mehren, das Zulassen von Fülle. Auch dies hat mit einer vom Mangelbewusstsein befreiten inneren Einstellung zu tun, kann aber auch durch äußere Hinweise gestärkt werden. Seien Sie erstaunt!

Zusätzlich finden Sie in diesem Buch Abbildungen von Schilden. Das sind Energiebilder, die ich passend zu den einzelnen Themen kreiert und gemalt habe. Diese Schilde wirken schützend und stärkend. Sie sprechen in erster Linie das innere Kind an und sind daher auf einer unbewussten Ebene aktiv. Lassen Sie sie meditativ auf die Seele wirken! Auch können Sie die Schilde herausschneiden oder scannen und ausdrucken, um sie zu Hause oder am Arbeitsplatz aufzustellen. Oder Sie machen ein Handyfoto und haben auf diese Weise Ihren Lieblingsschild auch unterwegs zur Verfügung. Sie können alle Schilde aus dem Farbteil zudem kostenlos im pdf-Format herunterladen; den Download-Link finden Sie auf der entsprechenden Produktseite unter www.mankau-verlag.de. Die Schilde sind so gestaltet, dass sie Lust machen sollen, selbst kreativ zu werden. Vielleicht regen Sie diese Bilder ja dazu an, Ihre eigenen Schilde zu entwerfen?

Ans Herz legen möchte ich dieses Buch auch den Reisenden. Ich bin selbst gern unterwegs und weiß, dass das Übernachten in Hotelzimmern nicht immer entspannend ist. Es ist aber so wichtig, nicht nur körperlich anwesend zu sein, sondern auch mit der Seele anzukommen. Schon mit einem kleinen Reinigungsritual oder einer der Übungen aus dem Kapitel »Am richtigen Ort« können Sie überall rasch eine Aura der Geborgenheit um sich aufbauen. Hochwirksam ist auch hierbei die Unterstützung von Schilden.

Schaffen Sie sich einen guten Platz zum Leben und ein harmonisches Zuhause mit hellen Energien. Mögen weise himmlische Kräfte und freundliche irdische Wesen Sie stets begleiten. Alles Liebe!

Barbara Arzmüller
im Februar 2019

EINFÜHRUNG

Wahres Glück und echte Zufriedenheit kommen von innen, aus der Ruhe des Herzens. Keine Minute ist verschwendet, in der man sein Herz mit Dankbarkeit, Mitgefühl und Liebe anfüllt und es überfließen lässt.

Und doch gibt es Situationen, in denen es schwerfällt, den inneren Frieden zu finden. Zu viele Baustellen tun sich gleichzeitig auf. Eine Aufarbeitung der Ursachen fällt schwer, denn der Faden zum Aufdröseln der Probleme ist nicht sichtbar. In solchen Fällen kann es hilfreich sein, zunächst einmal nur sich selbst zu stabilisieren.

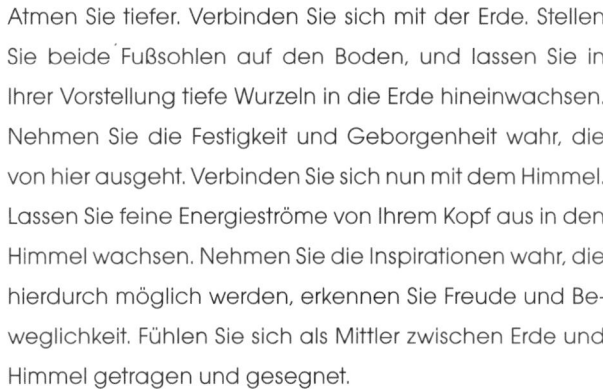

Stabilisierungsübung als Soforthilfe

Atmen Sie tiefer. Verbinden Sie sich mit der Erde. Stellen Sie beide Fußsohlen auf den Boden, und lassen Sie in Ihrer Vorstellung tiefe Wurzeln in die Erde hineinwachsen. Nehmen Sie die Festigkeit und Geborgenheit wahr, die von hier ausgeht. Verbinden Sie sich nun mit dem Himmel. Lassen Sie feine Energieströme von Ihrem Kopf aus in den Himmel wachsen. Nehmen Sie die Inspirationen wahr, die hierdurch möglich werden, erkennen Sie Freude und Beweglichkeit. Fühlen Sie sich als Mittler zwischen Erde und Himmel getragen und gesegnet.

Allein diese kleine Übung trägt dazu bei, die Lebensenergie in sich zu zentrieren und sie ins Hier und Jetzt zu ziehen. Das wird nicht ausreichen, um große Probleme sofort und umfassend zu lösen, bewirkt aber einen kraftvollen Energieschub, der genügt, um mit der nächsten Aufbauarbeit beginnen zu können. Nehmen Sie sich dazu etwas Schönes vor, aber lassen Sie Ihr eigentliches Thema, Ihr großes Problem, vorerst noch beiseite. Beschäftigen Sie sich damit, Ihr Zuhause energetisch auszugleichen. Das ist einfach umsetzbar, ein angenehmes Vorhaben, das dem Kopf eine verlockende Aufgabe stellt und das Herz beruhigt.

Zwischendurch schauen Sie mit neuem und frischerem Blick auf Ihre Themen. Vielleicht taucht bereits eine Lösung auf, oder Ihnen fällt schon mal ein guter Gedanke dazu ein. Die Wirkung der energetischen Neuordnung ist stark, sodass Sie letztlich Ihr eigentliches Ziel erreichen werden. Denn mit jeder noch so kleinen Aktion wächst Ihre Kraft. Ideen tauchen auf. Mut entwickelt sich, Veränderungen im Leben anzupacken. Innere Ruhe, Glücksempfinden und tiefste Lebenszufriedenheit können Einkehr halten. Dies alles ist in jedem Leben möglich, egal, wie verfahren es im Augenblick erscheint.

Viele Menschen leben in einem Umfeld, das sie als belastend und unbefriedigend empfinden. Die Verlockung ist groß, die »Schuld« daran abzuschieben. Was könnte nicht alles die Ursache sein – der egoistische Partner, die fehlende Geborgenheit vonseiten der Eltern, die anspruchsvollen Kinder, die nervigen Nachbarn, die mangelnde Anerkennung in der Arbeit, das nie vorhandene Geld, die lädierte Gesundheit.

Doch sie irren sich. Die Schuld, besser die Verantwortung, liegt bei jedem selbst. Jeder bekommt das, was er ausstrahlt. Das ist fast unerträglich zu glauben, wenn man gerade mitten in einer Misere steckt, an der scheinbar alle anderen bauen. Trotzdem. Eine grundlegende und dauerhafte Veränderung des Lebens zum Besseren gelingt nur, wenn man aufhört, sich als Opfer der Umstände zu sehen, und bereit ist, die Verantwortung für sein Leben zu übernehmen. Es lässt sich vielleicht nicht alles verändern, aber viel mehr, als die meisten glauben. Dazu müssen Sie sich weder scheiden lassen noch den Kontakt mit Ihren Eltern abbrechen oder Ihre Kinder vor die Tür setzen. Sie brauchen nicht einmal umzuziehen und auch nicht den Job zu kündigen. Sollten Entwicklungen in dieser Richtung notwendig werden, ergeben die sich mit der Zeit und ganz in Ruhe. Machen Sie keinen Rundumschlag, der mit Gewalt, Ärger und Leid verbunden ist. Wer weiß, vielleicht wurden Ihnen die stressigen Situationen und anstrengenden Menschen nur geschickt, um Sie zu Veränderungen zu zwingen – wodurch Sie endlich Ihre Talente leben und wirklich glücklich werden.

Fangen Sie nur damit an, Ihre Umgebung aufmerksam zu betrachten, kleine Zeichen zu setzen und so Ihre Einstellung nach und nach zu verändern. Setzen Sie sich dabei nicht unter Druck. Die Welt wurde auch nicht an einem Tag erschaffen. Sie ist uralt und entwickelt sich doch täglich weiter. Geben Sie sich Zeit, all Ihre Ideen in die Tat umzusetzen und dann das Neue zu verarbeiten. Haben Sie Vertrauen in Ihr Werk, und Sie werden sehen, wie sich Ihr Leben nach und nach wendet und sich so entwickelt, wie es Ihnen gefällt.

Im Nachhinein werden Sie feststellen, wie einfach, überschaubar und schön Ihr Leben geworden ist. Vielleicht machen Sie sich dann Vorwürfe und denken, Sie hätten das schon längst haben können. Doch auch der Entschluss, etwas zu verändern, braucht seine Reifezeit. Und wenn es wirklich eine übermäßig lange Zeit gedauert haben sollte, bis Sie so weit waren – ärgern Sie sich nicht über sich. Freuen Sie sich vielmehr, dass Sie es schließlich doch geschafft haben.

Die Kraft der Schilde

Haben Sie schon einmal mit Schilden gearbeitet? Es handelt sich hierbei um Energiebilder, die auf bestimmte Themen bezogen sind. Sie sind daher zielgerichtet und unmittelbar in ihrer Wirkung. Ihr Geheimnis ist: Sie wenden sich direkt an das innere Kind. Dadurch werden tiefe Schichten der Persönlichkeit angesprochen, die der Verstand nicht erfassen könnte. Schilde sind meine bevorzugte Ergänzung zu informativen Texten, die das Bewusstsein füttern, und zu meditativen Übungen, die auf der seelischen Ebene wirken.

Schilde dienen dazu, die Aura zu schützen und sie mit Energie zu versorgen. Sie haben eine alte Tradition. Seit Tausenden von Jahren werden sie in nahezu allen Kulturen zum tatsächlichen und energetischen Schutz verwendet. Die Anforderungen waren und sind zu allen Zeiten haushoch. Um sie zu meistern, sind wir ja auf der Erde. So, wie wir körperlich ungeschützt sind und den Körper mit Kleidung, Ernährung und Sport stärken, so sind wir auch seelisch ungeschützt. Als Kinder leben wir noch unter einer kosmischen Schutzglocke, doch wenn wir erwachsen werden, sind wir zunehmend selbst verantwortlich für unser Wohlergehen. Über Meditationen, Gebete und Symbole, auch mit geistigen Helfern wie etwa Engeln, können wir an seelischer Abwehrkraft und Stärke gewinnen. Im Idealfall wird unsere Aura schließlich ganz hell und lichtvoll. Sie macht uns ausgeglichen, stabil und unangreifbar. Die Strahlkraft dieses hellen Lichts ist so groß, dass schädliche Einflüsse keine Wirkung mehr haben. Bis dahin aber brauchen wir Schutz. Die Schilde sind eine gute und bewährte Methode, die ich Ihnen ans Herz legen möchte. Sie haben eine freundliche, liebevolle und dabei sehr intensive Wirkung.

In diesem Buch sind Schilde abgebildet, die ich zusammen mit meinem inneren Kind intuitiv für die einzelnen Tätigkeits- und Lebensbereiche gestaltet habe. Bemalt habe ich die Zeichnungen mit Aquarellfarben, da sie nach meiner Erfahrung die lichtvollsten Farben sind, sehr durchlässig und zart.

Jeder dieser beigefügten Schilde schwingt in einer anderen Energie. Die vier achteckigen Schilde helfen beim Reinigen, beim Loslassen, beim Klären und beim Mehren. All diese Themen sind in Teil 1 (→ Seite 17ff.) des Buches beschrieben.

Der Schild »Farben«, den Sie auf der hinteren Umschlagklappe finden, hilft beim Kennenlernen des Farbkreises und der Wirkung der einzelnen Farben aus Teil 2 (→ Seite 61 ff.).

Die neun quadratischen Schilde setzen ein Bewusstsein für die einzelnen Lebensbereiche und fördern deren Qualität. Ausführliche Informationen und jede Menge Übungen dazu finden Sie in Teil 3 (→ Seite 89 ff.).

Die zwölf runden und wappenförmigen Schilde wirken auf die Zeitqualität. Sie helfen, die Energien der einzelnen Monate zu aktivieren, so wie sie im 4. Teil (→ Seite 133 ff.) dieses Buches beschrieben sind.

Um die Schilde wirken zu lassen, brauchen Sie sie nur eine Weile anzusehen. Sie können mit diesen Bildern meditieren, Sie können sie aber auch im Hintergrund wirken lassen, indem Sie den Schild ausschneiden und bei sich auflegen oder aufstellen. So wird Ihr Unterbewusstsein immer wieder an die gewünschte neue Energie erinnert und kann sich damit von alten, blockierenden Mustern lösen. Wählen Sie den Schild passend zu dem Thema aus, das Sie gerade bearbeiten, und lassen Sie ihn wirken.

Eine interessante Alternative ist es, zuerst nach Gefühl einen Schild auszusuchen und dann nachzulesen, um welchen Lebensbereich es sich handelt. Damit lassen Sie die Weisheit Ihres Unterbewusstseins entscheiden, welches Thema Sie aktuell bearbeiten sollen.

Nutzen Sie die Schilde auch, um sich unterwegs gemütlich einzurichten. Ob Sie beruflich oder privat auf Tour sind: Eine ermüdende Anreise, eine anstrengende Tagung oder eine ausgiebige Besichtigungstour werfen das Energiefeld aus dem Lot. Mit einer energetisch stimmigen Umgebung aber finden Sie das Gleichgewicht im Handumdrehen wieder. Lassen Sie die Schilde für sich wirken!

TEIL 1
WENIGER UND MEHR

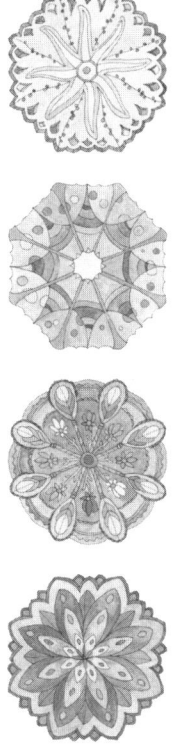

VORARBEIT

Das Gefühl von Unzufriedenheit kann keiner leiden. Aber es verleiht immerhin die Antriebskraft, etwas anders zu machen als bisher. Zu ärgern brauchen Sie sich somit nicht, wenn Sie feststellen, dass Sie mit einer Situation unzufrieden sind. Sie können dieses innere Nagen und Bohren stattdessen als wertvollen Hinweis nehmen, der Sie bei der Suche nach Verbesserungen unterstützen will. Immerhin ist der Wunsch vorhanden, etwas tun zu wollen. Das ist doch schon eine ganze Menge und reicht für den Anfang.

Es ist nicht entscheidend, ob Sie mit einer Veränderung in Ihrem Inneren oder in Ihrer äußeren Umgebung anfangen. Denken Sie an das hermetische Gesetz »wie oben, so unten – wie innen, so außen«, dann wissen Sie, dass das eine das andere mit sich zieht. Die Umgebung ist immer ein Spiegelbild des inneren Zustandes und umgekehrt. Das mag einem gefallen oder nicht. Die Chance zur Veränderung aber besteht. Es liegt an jedem selbst, den ersten Schritt zu tun. Ist dieser erst einmal gegangen, fühlt man sich bald leichter, frischer und kraftvoller. Neue und nährende Energie fließt aus dem Tun zu. Das macht es leicht weiterzugehen.

Indem Sie in Ihrer Umgebung Zeichen setzen und sie neu ordnen, bringen Sie eine Veränderung Ihres Lebens in Gang. Analysieren Sie Ihr Zuhause. Gehen Sie zur Tür hinein, als würden Sie Ihr Heim zum ersten Mal betreten. Schauen Sie, was Ihnen auffällt. Lassen Sie jede Ecke auf sich wirken, betrachten Sie jeden Raum. Achten Sie dabei auf Ihre Empfindungen. Fühlen sie sich leicht oder schwer an, macht Sie der Anblick froh oder trüb? Öffnen Sie auch Ihre Schränke und Truhen. Quellen die über mit alten, ungeliebten Erinnerungen? Mit Dingen, die Sie für schlechte Zeiten aufbewahren wollten? Betrachten Sie Abstellräume, Keller und Speicher. Gehen die in Staub und Altlasten unter? Schaffen Sie sich Platz für Ihr neues Leben! Mit jedem Handgriff, den Sie in der Gegenwart tun, gestalten Sie Ihre Zukunft.

Um eine positive Wirkung zu verspüren, brauchen Sie die eigentliche Ursache Ihrer Unzufriedenheit nicht bis ins letzte Detail herauszufinden. Genau das nämlich gestaltet sich oftmals als schwierig und mühsam. Man wühlt in der Vergangenheit, in der Kindheit oder sogar in früheren Leben. Man arbeitet all dies auf, aber immer wieder tauchen andere Altlasten auf. Solch ein Prozess kann dauern und die Kräfte für lange Zeit von anderen schönen Lebensthemen abziehen. Bei schweren, traumatischen Erfahrungen mag dieser Weg unumgänglich sein, doch für die ganz normalen Erlebnisse gibt es gute Alternativen.

Bei einer Energiearbeit, die die Wechselwirkung von innen und außen nutzt, reicht es, eine Absicht zu bekunden und ein Bewusstsein zu setzen. Es genügt, wenn Sie beschließen, ab heute Ihr Leben zu verändern und dazu ein Zeichen setzen, eine erste Handlung durchführen. Selbst wenn es »natürlich« der unzuverlässige Partner ist, der das Unbehagen verursacht. Vielleicht geht es ihm ja auch nicht gut, und er reagiert auch nur auf die von Ihnen beiden geschaffene Umgebung, auf das Missverhältnis bestimmter Abläufe? Vielleicht liegt der wahre Grund für Ihre Unzufriedenheit doch woanders, der Partner geriet fälschlicherweise in die Rolle des Sündenbocks und würde liebend gern wieder dort raus?

Konzentrieren Sie sich nicht auf die anderen, sondern nur auf das, was Sie selbst tun können. Bringen Sie Ihre Welt Stück für Stück in Ordnung. Die Veränderungen in Ihrem äußeren Umfeld werden auch innere Belastungen bereinigen. Zeigen Sie, dass Sie in Ihrem Inneren Ordnung haben möchten, indem Sie Ihre äußere Welt in Ordnung bringen. Wobei mit »Ordnung« keine sterile, unbelebte Atmosphäre gemeint ist. Wahre Ordnung bedeutet, dass Ihre Umgebung Frieden und Freundlichkeit ausstrahlt, dass Sie sich hier auf Anhieb wohlfühlen und Ihre Seele anfängt zu jubeln. Es ist die pure Harmonie.

Suchen Sie auch keine Ausreden, wie etwa, die anderen Familienmitglieder seien dagegen. Mit Ihren Hausgenossen müssen Sie nicht sprechen, wenn Sie davon ausgehen, von ihnen nicht verstanden zu werden. Sie müssen auch nicht radikal vorgehen, sondern können in sehr feinen Dosierungen Veränderungen vornehmen, die nicht sofort ins Auge fallen. Die Wirkung ist subtil, denn sie zielt auf das Unterbewusstsein. Ihre Lieben bzw. die übrigen Hausbewohner werden Ihre Symbole als reine Dekoration wahrnehmen, wenn überhaupt. Sie wissen nicht, dass damit eine zusätzliche Bedeutung verknüpft ist. Im Lauf der Zeit werden sie trotzdem auf die Veränderungen und die dadurch langsam ansteigende Harmonie reagieren. Dann können Sie immer noch – wenn Sie das wollen und die anderen offener geworden sind – das ansprechen, was Sie gerade tun und noch weiter vorhaben. Es dient ja dem Wohle aller. Diese Absicht sollte all Ihrem Tun zugrunde liegen. Sie brauchen für Ihr Projekt keine Verbündeten. Sie können es ganz allein machen. Weil Sie es wollen, haben Sie die Kraft dazu. Fangen Sie mit der Hausreinigung, dem Raumklären an. Nehmen Sie sich dazu einen Raum nach dem anderen vor, nicht das ganze Haus oder die ganze Wohnung auf einmal. Wenn es sich dabei nur um einen kleinen Bereich handelt, der Ihnen allein gehört, ist das auch in Ordnung. Das kann ein Zimmer sein, eine Ecke davon, eine Kommode oder zumindest ein Fach in einem Schrank.

Allein durch diese klärende Handlung wachsen Ihre persönliche Kraft und Ihr Vertrauen in sich selbst. Mit diesem Zuwachs an Energie nehmen Sie sich den nächsten Bereich vor, vielleicht den Eingang, der ja für das gesamte Leben von großer Bedeutung ist, oder den Wohnraum, der als Mittelpunkt der Familie gilt. Schließlich bringen Sie nach und nach, ganz wie es Ihre Zeit zulässt, eine gute Energie in Ihr Zuhause. Genießen Sie die Wirkung. Freuen Sie sich über die Lebenslust, die Sie dann immer reichlicher spüren werden.

Reinigen

Mit der Ordnung ist es so eine Sache. Der eine kann es nicht ertragen, wenn nur ein Bleistift schräg auf dem Tisch liegt, der andere behauptet, sich zwischen Bergen von Wäsche und alten Zeitschriften noch wohlzufühlen. Überzeugen lässt sich kaum einer vom anderen. Wer hat wohl recht? Keiner und beide – es spielt nämlich wirklich keine Rolle, wie die anderen Ihr System sehen. Nur Sie selbst müssen sich wohlfühlen.

Eine eindeutige Grenze zum Pedanten bzw. zum Messie gibt es nicht. Das gesunde Maß liegt auf einer breiten Palette zwischen den Extremen. Entscheidend ist, wie gesagt, das persönliche Sich-Wohlfühlen. Und das bedeutet: nach Hause kommen, Belastungen abfallen lassen, sich entspannen können, lächeln, aufleben, das Leben schön finden.

Nun ist es noch relativ leicht, ein System von Ordnung zu verwirklichen, wenn man allein wohnt. Nur dann kann man komplett selbst bestimmen, wie man seine Umgebung gern hätte. Schon zwei Personen im selben Haushalt können sich einen regelrechten Kleinkrieg liefern, was Ordnung und Sauberkeit anbelangt. In vielen Familien gehören solche Diskussionen zur täglichen und nervigen Routine, denn die Vorstellungen driften oft weit auseinander.

Bei Geschmacks- und Stilfragen mag es ja noch angehen, jedem Familienmitglied ein eigenes Zimmer zur Verfügung zu stellen. Das gilt auch für Paare mit völlig unterschiedlichen Vorstellungen. Ihnen tut es gut, statt des üblichen gemeinsamen Wohn- und Schlafzimmers jeweils ein eigenes Zimmer zur Verfügung zu haben. Darf man

seinen persönlichen Stil in einem Raum nach Lust und Laune ausleben, ist man eher bereit, in den Gemeinschaftsräumen Kompromisse einzugehen. Ein Stilmix, der aus diesen verschiedenen Einflüssen entsteht, kann sehr reizvoll sein und für alle eine Inspiration darstellen. In Bezug auf Ordnung und Sauberkeit aber ist es notwendig, sich in der Mitte der Vorstellungen aller Familienmitglieder zu treffen. Ein Kompromiss ist hierbei keineswegs faul. Im Gegenteil, er zeigt, dass alle bereit sind, aufeinander zuzugehen, und dass sie sich wirklich ein gemeinsames Leben unter einem Dach wünschen.

Das müssen Sie kommunizieren. Manchmal sind die Meinungen allerdings sehr verhärtet, sodass es erst ein wenig energetische Vorarbeit braucht. Beginnen Sie daher die Energiearbeit ganz für sich, lassen Sie die Wirkung kommen, und diskutieren Sie dann.

Wenn Sie die Bestandsaufnahme hinter sich haben, können Sie sofort zum praktischen Teil übergehen, der materiellen und der energetischen Reinigung. Beide gehören zusammen. Bei der Körperpflege handhaben wir es sehr logisch: Zuerst duschen wir, danach kommen Pflege und Duft auf die Haut. In den Räumen ist es nicht anders. Zuerst wird gefegt und geputzt, danach kommen wohlriechende Öle und feines Räucherwerk zum Einsatz. Starten sollten Sie daher mit der materiellen Reinigung, also dem Aufräumen, Putzen und Lüften. Daran schließen Sie die energetische Reinigung an mit Räucherungen, Klängen und Düften. Diese Reihenfolge ist vor allem dann wichtig, wenn die Umgebung lange vernachlässigt und nur das Nötigste gemacht wurde. Wenn Sie sehr wenig Zeit zur Verfügung haben, nehmen Sie sich nur eine einzige Schublade vor. Auch auf kleinstem Raum kann sich viel Schweres angesammelt haben.

Ansonsten können Sie natürlich immer nach Lust und Laune Räucherwerk entzünden, ein feines Öl ins Duftlämpchen geben oder eine Klangschale anreiben. Daraus kann eine schöne Gewohnheit

und vielleicht sogar ein wohltuendes Ritual werden. Gerade wenn Ihnen die Atmosphäre mal wieder besonders dick erscheint, Sie sich unsicher oder erschöpft fühlen, verzagt oder wütend sind, ist diese Art der Energiearbeit eine rasch wirkende Hilfe.

Nutzen Sie die Duftstoffe auch, um eine bestimmte Wirkung zu erzielen. Die Botenstoffe, die darin enthalten sind, reinigen die Atmosphäre von Streit und Ärger, sie klären Emotionen, sie besänftigen, verbreiten Licht und Hoffnung oder fördern die Harmonie. Kräuter, Harze und Blüten wirken alle auf ihre eigene Weise auf die Aura und die Emotionen.

In der klassischen Reihenfolge geht es jedoch zunächst darum, den materiellen Schmutz zu entfernen. Für viele Menschen gehört das Putzen zu den ungeliebten Tätigkeiten. Ungeliebt deshalb, weil sie für diese Art von Arbeit wenig oder keine Anerkennung ernten. Haben sie nicht gerade einen Beruf daraus gemacht, gibt es auch kein Geld dafür. Wer seinen eigenen Haushalt in Ordnung hält, muss das schlichtweg nebenbei machen, zusätzlich zur eigentlichen Arbeit, in der kostbaren Freizeit. Und dann wissen es andere Familienmitglieder oft nicht einmal zu schätzen. Sie achten nicht darauf, schmutzige Schuhe auszuziehen, benutzen alles wie selbstverständlich, lassen ihre Sachen überall herumliegen und treten das eigene Werk von Ordnung und Sauberkeit buchstäblich mit Füßen. Macht man sie darauf aufmerksam, fragen sie vielleicht noch entnervt, ob sie sich denn jede Woche fürs Staubsaugen bedanken sollten. Ja, warum eigentlich nicht? Mit etwas Anerkennung der Leistung wäre vieles einfacher.

Dennoch, machen Sie sich nichts draus. Denken Sie an die weisen Lehren der Klöster, vom Christentum bis zum Zen-Buddhismus: Hier gelten die alltäglichen Arbeiten wie Aufräumen, Kehren, Kochen, Spülen und Putzen als wichtig. Dort wurde erkannt, dass die Hausarbeiten die tragenden Stützen einer Gemeinschaft darstellen. Wer-

den sie nicht gemacht, bricht das System schnell zusammen, Chaos breitet sich aus.

Werden Sie sich also ganz für sich des Wertes dieser Arbeiten bewusst, und schieben Sie das in der Gesellschaft vorherrschende Denken beiseite. Es spielt keine Rolle, wie weit sich die Menschen in Ihrem Umfeld in der Beurteilung von Hausarbeit bereits entwickelt haben. Verinnerlichen Sie einfach nur für sich, dass solche Tätigkeiten einen hohen Wert haben. Wenn Sie persönlich Ihre Arbeit wertschätzen, werden es auch die anderen nach und nach tun. Anders zu denken ist das Beste, was Sie tun können, um diese Erkenntnis zu verbreiten. Der angenehme Nebeneffekt für Sie ist: Sie finden Freude an Ihrem Tun.

Auch hier spielt übrigens wieder mit: »Wie innen, so außen«. Denn wenn Sie das Putzen lästig finden und das Aufräumen als verlorene Zeit ansehen, dann brauchen Sie sich nicht zu wundern, wenn die anderen Ihre Leistung ebenfalls nicht würdigen. Was bei ihnen ankommt, ist die Einstellung »Putzen ist öde«, und dies wird Ihnen nur allzu deutlich gespiegelt. Strahlen Sie daher von jetzt an aus: »Putzen ist wichtig«, und machen Sie sich mit dieser Überzeugung ans Werk.

Damit all diese Arbeiten mehr Spaß machen, rufen Sie sich immer wieder in Erinnerung, dass es etwas Besonderes ist, das Haus als eine Stätte von Frieden, Glück und Harmonie zu bewahren. Dazu gehört nun mal die sichtbare Ordnung. Körperlich anstrengend mag solch eine Reinigungsarbeit sein, aber dies können Sie auch mit einem Besuch im Fitnessstudio vergleichen. Machen Sie einen Event daraus, wenn Sie sich dann leichter tun. Fangen Sie also mit der Materie an, diese ist »anfassbar« und daher im wahrsten Sinn des Wortes leicht zu »be-greifen«. Die darauf folgende energetische Reinigung wirkt umso besser auf Geist und Seele.

Diesen energetischen Aufbau sollten Sie sich gönnen. Denn eine Umgebung, die zwar sauber und ordentlich ist, der aber die energetische Aufladung fehlt, wirkt immer ein wenig kalt und leer. Das ist es auch, was viele unbewusst am Putzen nicht mögen. Sie empfinden es, als ginge etwas von der eigenen, der »bewohnten« Energie verloren, zugunsten von Sterilität. Das spüren sie ganz richtig, denn beim Putzen wird tatsächlich nicht nur der sichtbare Schmutz entfernt, sondern es werden auch Energieabdrücke verwischt, positive wie negative. Da sie nun nicht wissen, wie sie diese Kraft wieder aufbauen können, bleiben sie lieber in ihrer Unordnung – selbst wenn sie dann auch die eigentlich ungeliebten Kräfte mit ertragen müssen, wie die negativen Gedanken und Gefühle, die weiterhin im Raum herumschwirren.

Bei einer energetischen Hausreinigung werden sehr zielgerichtet die belastenden Energieabdrücke angegangen und die positiven verstärkt. Dieses Energieklären ist immer wieder nötig, das hat es mit dem materiellen Reinigen gemeinsam. Denn wie sich täglich neuer Staub bildet, weil dies zum Zerfallsprozess der Materie gehört, so bilden sich auch täglich neue negative Energiewirbel aus unseren Gedanken und Gefühlen. Das geht so schnell: Der Verstand zweifelt, das Gemüt rumort, das Herz ist verschlossen – und das Energieniveau sinkt ab. Ärger, Kummer, Wut, Unzufriedenheit und Sorgen sind die Schmutzpartikel, die die Bewohner und das Haus energetisch verunreinigen und daher einer Klärung bedürfen.

Die großen Religionen haben das Problem gelöst, indem sie den Menschen die Aufgabe gegeben haben, täglich zu beten, Weihwasser zu benutzen und zu räuchern, eine Glocke zu läuten oder einen Gong anzuschlagen. Diese Traditionen geraten mehr und mehr in Vergessenheit oder werden abgelehnt, weil der ursprüngliche Sinn verloren gegangen ist. Insofern brauchen wir ein neues Bewusstsein um den Wert von energetischer Reinigung und Aufbau.

Manche Menschen wissen intuitiv, was sie tun können, um die Umgebung energetisch wieder aufzuladen. Auch ohne die tieferen Zusammenhänge zu kennen, stellen sie, einfach aus einem Gefühl heraus, einen Strauß Blumen auf den Tisch, öffnen die Fenster oder legen Musik auf. Schon haben sie intuitiv wichtige energetische Mittel angewandt: die Kraft von Pflanzen, von Luft und von Klängen.

Vertrauen Sie Ihrem Gespür! Wir alle tragen viel Wissen in uns. Es ist alt und vielleicht verschüttet, aber es ist in unserem Inneren verankert. Wir brauchen es nicht einmal neu zu erlernen, wir müssen meist nur unsere Erinnerungen wecken. Mag einiges über die Generationen verloren gegangen oder nur unter der Hand weitergegeben worden sein, so werden in unserer Zeit die verschlossenen Türen wieder geöffnet. Jetzt wird altes Wissen ausgegraben und allen Menschen zugänglich gemacht.

Sie werden auch, ohne hochsensibel zu sein, die positive Wirkung nach einer Reinigungszeremonie wahrnehmen können. Das Haus fühlt sich einfach wunderbar an – schließlich wird es nicht umsonst die »dritte Haut« genannt. Die erste Haut ist die eigene. Mit der zweiten Haut ist unsere Kleidung gemeint. Sowohl unseren Körper als auch unsere Kleidung hegen und pflegen wir ganz selbstverständlich. Das ist sogar bei Menschen so, die ihrer Umgebung betont wenig Aufmerksamkeit schenken. Es heißt also, seinen persönlichen Radius zu erweitern, sich nicht auf zwei »Häute« zu beschränken. Denn gerade wenn wir bei dem Bild bleiben, dass die Umgebung das Spiegelbild des eigenen Inneren ist, dann können wir dieses wunderbar verändern, wenn wir diesem »Spiegelbild« unser Interesse widmen. Es besteht eine ständige Resonanz zu unserem Inneren. Eine energetische Arbeit im Außen, die das Innere nicht berühren würde, gibt es nicht.

Empfehlenswert ist eine energetische Reinigung also vor allem dann, wenn gerade intensiv über Probleme diskutiert wurde oder es sogar Streit gab. Jeder Mensch hinterlässt, wo immer er sich aufhält, einen Energieabdruck seines Wesens. Manche verflüchtigen sich in kurzer Zeit, andere setzen sich nachdrücklich fest. Bei Spitzfindigkeiten, Missverständnissen oder Reibereien sollte man nachhelfen, um die Energie in der eigenen Oase schnell wieder auszubalancieren. Dies gilt insbesondere, wenn Neider im Haus waren, eifersüchtige Menschen, solche mit bösen Absichten, Lästermäuler oder Menschen, die unentwegt jammern. Deren Energieabdrücke sollten Sie so schnell wie möglich aus Ihren Räumen entfernen, um sich nicht mit kranker und giftiger Energie zu infizieren.

Besonders gründlich sollten Sie auch vorgehen, wenn Sie diese Art der Reinigung zum ersten Mal durchführen. Sie können den Reinigungseffekt verstärken, indem Sie sich auch selbst gründlich reinigen, etwa durch ein Salzbad. Vielleicht möchten Sie auch ein Gebet sprechen und die geistige Welt um Unterstützung bitten für Ihre Zeremonie, die Sie bevorzugt bei Tagesbeginn durchführen.

Wichtig ist die Hausreinigung ferner, wenn Sie Ihr Heim neu beziehen. Ist es ein altes Haus, haben hier Menschen nicht nur gelacht und gefeiert. Das Leben bringt es mit sich, dass sie auch mal krank waren, gelitten und geweint haben, dass sie sich gestritten oder getrennt haben. Vielleicht haben sie dort schwere Schicksalsschläge erlebt. Selbst wenn ein Haus neu gebaut wird, gibt es beim Bau in der Regel eine Menge Stress und Streit. Die weisen Dombaumeister des Mittelalters ließen der Überlieferung nach nur Handwerker mitarbeiten, die in Frieden mit sich und der Welt lebten, um keine schädliche Energie ins Gotteshaus mit einzubauen.

Auch der Platz, auf dem das Haus steht, hat eine eigene, wechselvolle Geschichte. In Gegenden, in denen es sich gut leben lässt,

weil es ausreichend Wasser gibt und das Klima gemäßigt ist, wollten schon immer Menschen leben, auch vor Hunderten von Jahren bereits. Dadurch entstanden Begehrlichkeiten. So wurden solche Landstriche fast immer Gegenstand von Streit und Kriegen. Schuld hat sich angehäuft, Unrecht ist geschehen, Blut ist geflossen. Eine wechselvolle Geschichte hat den Grund und Boden geprägt. Wer sensibel ist, kann dies spüren. Als Last wird dieses Erbe empfunden, wenn sich niemand aus den nachfolgenden Generationen um Heilung oder Versöhnung gekümmert hat. Vielleicht ist dies der Grund, warum in manchen Landstrichen übermäßig viele Menschen ihr Leben als beschwerlich ansehen und ihnen Leichtigkeit und Lebenslust fremd erscheinen, obwohl die äußeren Umstände gar nicht so grimmig wären.

Das braucht Sie nicht zu erschrecken, denn Schicksale, selbst wenn sie leidvoll sind, gehören nun mal zum Leben. Aber Sie müssen sich nicht damit beladen. Sie brauchen Ihre Kraft für Ihr eigenes Leben. Durch die erste Reinigung, die Weihe sozusagen, befreien Sie Grundstück und Haus von alten Belastungen und fremden Eindrücken.

Danach können Sie unbeschwert in Ihr neues Leben starten. Ihr Zuhause kann so zu einem Ort der Kraft werden, an dem Sie Stress abladen und sich mit neuer Energie aufladen können. Hier können Sie Freude, Stärke und Vertrauen finden. Es macht Laune, sich um die anvertraute Umgebung zu kümmern, sie in Ordnung zu halten und zu verschönern. Damit zeigen Sie, dass Ihnen Ihr eigenes Wohlergehen sowie das Ihrer Familie und Ihres Lebensplatzes nicht gleichgültig sind. Wenn das alle machen würden, dann wäre die Welt um ein ganzes Stück besser, schöner, harmonischer und freundlicher. Dazu können Sie jeden Tag Ihren Teil beitragen.

Als liebevolle Begleitung für alle Reinigungs-Rituale dient der beigefügte Schild »Reinigen«. Sein heller Lichtwirbel, die angedeuteten

Edelsteine und die magentafarbene Einfassung unterstützen das Reinigen auf der energetischen Ebene. Meditieren Sie mit dem Schild, oder stellen Sie ihn sichtbar auf, und lassen Sie ihn im Raum wirken.

Schöne Reinigungsrituale mit den Elementen Feuer, Erde, Luft, Wasser und Äther helfen Ihnen bei Ihrem Vorhaben der energetischen Reinigung. Die Kraft der Elemente ist sehr gut wahrzunehmen, da wir sie als irdische Wesen in uns tragen und auch in der Außenwelt täglich erleben können.

Die Feuer-Reinigung

Feuer als reinigendes Element zu sehen ist im Haushalt eher ungewohnt. Zwar schiebt man durchaus mal etwas in den Ofen, was man nicht mehr braucht, aber gereinigt wird es dabei ja nicht, sondern verbrannt. Anders ist es bei Waldbränden. Hier erzählt die Erfahrung, dass trotz aller Zerstörung das Feuer auch eine reinigende und aufbauende Kraft hat. In rituellen Bräuchen ist das Feuer sowieso nicht wegzudenken – Kerzen beleuchten nahezu alle heiligen Stätten. Schließlich war das Feuer für die Menschen immer etwas Besonderes, das nicht naturgegeben überall zu haben war. Es galt daher schon am Anfang aller Kulturen als heilig.

Die Kunst des Elements Feuer ist es, schlechte Gedanken und böse Worte quasi zu verbrennen. Ein Reinigungsritual mit Feuer ist somit zu empfehlen, wenn der Raum angefüllt ist mit zornigen und verletzenden Worten oder auch, wenn ein Streit hier stattgefunden hat. Tut man nichts, würde sich die Gefahr von Wut und weiteren Streitigkeiten in dieser Umgebung erhöhen. Die Feuer-Reinigung lässt sich auch sehr gut nutzen, um die eigenen negativen Gedanken einer Reinigung zu unterziehen, nicht nur die Worte, die nach einem belastenden Gespräch noch im Raum hängen.

Für hitzige Menschen sind das Element Feuer und mit ihm Flammen und Rauch das ideale Reinigungsmittel.

Sofern Sie einen offenen Kamin oder einen Kaminofen besitzen, zünden Sie ein Holzfeuer an. Alternativ können Sie eine Kerze nehmen. Es sollte eine dicke, starke Kerze sein, denn sie muss ja einiges aushalten.

> Zünden Sie Ihre Kerze oder Ihr Feuer an, setzen Sie sich davor, und bitten Sie die Flamme und damit die Kraft des Feuer-Elements, alle negativen Gedanken und Worte aus diesem Raum oder diesem Haus aufzuzehren, in seiner Flamme zu verbrennen und sie in weißes Licht umzuwandeln. Stellen Sie sich so bildlich wie möglich vor, dass die Flammen all diese bösen Worte und Gedanken, die im Raum schweben, zu sich heranziehen, sie verbrennen und damit heilen. Lassen Sie sich damit Zeit. Bedanken Sie sich dann beim Feuer, und lassen Sie die Flamme noch eine Weile brennen, bevor Sie sie löschen.

Die Kraft der Vorstellung können Sie bei allem, was Sie tun, nutzen. Denn durch die gezielte Absicht verstärken Sie die Wirkung eines jeden Mittels enorm. Eine achtlos und nebenbei angezündete Kerze wird einfach so vor sich hin brennen. Gibt der Anzündende der Kerze aber einen bestimmten Auftrag – »Bitte reinige!« oder »Bitte verbreite Harmonie!« –, dann wirkt die Flamme genau so!

Bei starken Verunreinigungen, sehr heftigem Streit und bösartigen Angriffen sollten Sie sich für eine Räucherung entscheiden, am besten mit Weihrauch. Wenn Menschen mit wirklich schlechter Absicht und negativer Lebenseinstellung im Raum waren oder Sie selbst gerade Ihren bittersten Gedanken nachhingen und sich nun

daraus befreien möchten, hat Weihrauch die Kraft, alles Negative unwirksam zu machen. Er bietet Reinigung und Schutz zugleich. Wer Weihrauch nicht gern riecht, kann Salbei als gute Alternative wählen. Diese heilende Gewürzpflanze können Sie im Blumentopf oder im Garten ziehen. Wenn Sie immer wieder einige Zweige abschneiden und trocknen, haben Sie stets einen guten Räucherstoff zu Hause. Auch im Handel erhältliches fertiges Räucherwerk, das speziell für die energetische Reinigung gemischt wurde, eignet sich gut.

Lassen Sie den Rauch langsam durch den Raum ziehen, und gern durch alle Räume des Hauses. Beräuchern Sie dazu intensiv den Hauseingang und die Türschwelle, da hier der größte Austausch von Energien stattfindet. Nach dem Räuchern sollten Sie nochmals kurz lüften, damit die verbrauchten Energien hinausströmen können.
Laden Sie dann die strahlende Energie der Sonne in Ihr Haus ein. Scheint sie nicht, machen Sie ganz viele Lichter an, Kerzen oder Lampen. Erhellen Sie Ihre Räume, damit das Licht auf Sie und die anderen Bewohner wirken kann.

Die Luft-Reinigung

Mit Luft zu reinigen, das kennt man. Mit einem kräftigen Hauch oder einem Wedel lässt sich sehr gut Staub von Oberflächen entfernen. Auch sind wir daran gewöhnt, die Fenster zu öffnen um die Raumluft zu erneuern. Das Element Luft wirkt intensiv auf Energiefelder, wie sie durch negative Einstellungen und belastende Glaubenssätze gebildet werden. Ideenlosigkeit ist dabei oft die Folge, man versinkt in Sorgen, anstatt nach Lösungen Ausschau zu halten.

Menschen, die Wind und frische Luft lieben, werden sich bei einer Reinigung mit dem Element Luft, also mit Tönen und Klängen wohlfühlen. Viele öffnen sowieso automatisch die Fenster, wenn ihnen alles zu viel wird. Sie spüren förmlich die dicke Luft und wissen, ohne weiter darüber nachzudenken, dass sie frischen Wind brauchen. Dass die Luft zum Schneiden dick ist, trifft nicht etwa nur dann zu, wenn der Raum schlecht gelüftet ist, es hat oftmals mit der Ausstrahlung der Menschen in diesem Raum zu tun. Vielleicht hat gerade jemand seine festgefahrene Einstellung kundgetan, oder es hängen ungute Gedanken im Raum. Gründliches Lüften hilft dagegen. Dies können Sie auch ohne Anlass zum Ritual erklären und immer wieder für einige Minuten bewusst die Fenster öffnen.

Noch intensiver wirken Klänge, um belastende Energiefelder aufzulösen. Nicht umsonst haben es sich fast alle Kulturen und Religionen zu eigen gemacht, für das Wohlergehen ihrer Gemeinschaft durch Klänge zu sorgen – mit Glocken, Gongs, Gesängen oder Trommeln. Dadurch wird die Atmosphäre gereinigt. Dieses Prinzip der Raumreinigung durch einen Klang können Sie zu Hause ebenfalls nutzen.

Läuten Sie eine Glocke, schlagen Sie Zimbeln, oder lassen Sie einen Gong ertönen. Wenn Sie eine Klangschale zur Verfügung haben, so reiben Sie diese an und lassen ihren Klang im Raum verströmen. Bitten Sie dazu die Kraft des Luft-Elements um Befreiung und Klärung. Haben Sie keine Klanginstrumente zur Hand, legen Sie eine CD mit feierlicher Musik ein. Oder singen Sie. Nehmen Sie wahr, wie sich die Töne mit zunehmender Reinigung feiner und klarer anhören. Bedanken Sie sich schließlich beim Element Luft, und lassen Sie Ihre Instrumente ausklingen.

Intensiv angesprochen wird das Element Luft außerdem über Düfte. Insbesondere zur Feinreinigung sind Duftöle wunderbar, genauso als Begleitung und Unterstützung während Ihrer Klangzeremonie. Geben Sie Orangenöl, Zeder oder Lavendel in Ihr Duftlämpchen, oder versprühen Sie mit einem Zerstäuber Ihren persönlichen Lieblingsduft.

Wollen Sie tiefer sitzende Energiefelder auflösen, brauchen Sie eine Urkraft. Diese könnte kaum ein Instrument besser ausdrücken als eine Trommel. Schlagen Sie sie anfangs in etwa im Rhythmus Ihres Herzschlags, werden Sie dann schneller oder langsamer, ganz wie es Ihrem Gefühl entspricht. Nach einiger Zeit können Sie spüren, dass die Trommel nun anders klingt, klarer und freier. Dann schließen Sie Ihre Reinigung mit einem Dank an das Element Luft ab.

Die Erde-Reinigung

An Schmutz denken viele Menschen, wenn sie den Begriff Erde hören, nicht an Reinigung. Dabei kann die Erde das sogar sehr gut. Denken Sie nur an ihre mächtige Fähigkeit, aus pflanzlichen Abfällen neuen Humus zu produzieren. Erde reinigt langsam, das liegt in ihrer Natur, sie ist dabei aber sehr gründlich.

Das Element Erde vermag hartnäckige, lebensfeindliche Haltungen und verkrustete Einstellungen aufzulösen. Geht man diese nicht an, wächst die Neigung, alles sehr eng zu sehen und innerlich zu verhärten. Man urteilt und wertet zu viel, zu hart und zu früh.

Die Reinigungskraft der Erde eignet sich sehr gut für Menschen, die fest mit der Materie verbunden sind.

Sehr gut wirken Edelsteine als Vertreter des Elements Erde. Sie sind in der Lage, Emotionen und Gedanken aufzunehmen und positive Signale abzugeben. Mit der Zeit nehmen die Steine aber viel in sich auf – Freude, Liebe und Lachen, aber auch Belastungen, Zorn und Ärger. Manche Steine können davon sogar trüb werden oder zerspringen. Um dies zu verhindern, sollte man sie regelmäßig reinigen. Die meisten Edelsteine mögen es, unter fließendem, kaltem Wasser gespült und in der Sonne aufgeladen zu werden. Auch lieben sie ein »Bad« in einer Amethystdruse zum Reinigen und in Bergkristall-Trommelsteinen zum Aufladen. Danach ist ihre Wirkung wieder frisch und klar. Die Steine sind nun bereit, ihre Kraft wieder intensiv an Sie weiterzugeben. Um einen besonders dicken Brocken an negativer Energie zu binden, eignet sich Salz ganz hervorragend, insbesondere in den Tagen um den Neumond. Nutzen Sie dazu Steinsalz. Auch dieses Salz stammt ursprünglich aus dem Meer, hat aber über sehr lange Zeit im Bauch der Erde gelagert und ist eng mit diesem Element verbunden. Die Handhabe ist einfach.

Nehmen Sie etwa eine Handvoll Salz, teilen Sie es in fünf Teile, und geben Sie jeweils einen Teil in die vier Ecken und einen in die Raummitte. Wer viele bittere Erfahrungen gemacht hat, kann noch etwas Bittersalz zugeben. Stellen Sie sich dazu vor, dass das Erde-Element in Form von Salz durch seine starke Saugfähigkeit alle negativen Haltungen und Schwingungen aufnimmt. Bitten Sie das Element Erde um Unterstützung. Nach ein bis zwei Tagen hat sich das Salz mit allen vorhandenen Störenergien angereichert. Bedanken Sie sich beim Element Erde, und saugen oder kehren Sie das Salz gründlich auf. Bringen Sie es unmittelbar danach aus Ihrer Wohnung.

Um die Reinheit und Freude der nun frischen Energie zu festigen, holen Sie sich vom Garten, von der Wiese oder vom Blumenladen einen frischen Blumenstrauß und stellen Sie ihn gut sichtbar auf. Gestalten Sie diesen Platz richtig schön. Schmücken Sie wie für einen freudigen Anlass.

Wenn Sie das Gefühl haben, dass die dunklen Gefühle und Gedanken schon in Sie eingedrungen sind und sich im Körper manifestiert haben, nehmen Sie zusätzlich zur räumlichen Salzreinigung ein Salzbad. Dazu lösen Sie etwa ein halbes Kilogramm Salz im Badewasser auf. Bevorzugen Sie auch hierfür die Tage um einen Neumond. Stellen Sie sich während des Badens vor, dass Sie über die Haut alle Gifte aus dem Körper ausscheiden. Danach bedanken Sie sich beim Element Erde und duschen mit klarem Wasser alle Salzreste ab.

Die Wasser-Reinigung

Mit Wasser zu reinigen, ist für uns selbstverständlich. Es ist das Wasch-, Putz- und Reinigungsmittel schlechthin. Seine Kunst ist es, nicht nur die Oberflächen anzugehen, sondern auch in die Gewebe einzudringen und von innen heraus zu reinigen.

Wasser vermag in erster Linie schädliche und negative Gefühle zu reinigen. Insbesondere wirkt es gegen Ängste und Kummer.

Das Element Wasser ist ein gutes Reinigungsmittel für gefühlsbetonte Menschen. Sie neigen meist dazu, alles sehr persönlich zu nehmen und sich auch fremde Gefühle aufzuladen. Nur schwer können sie sich davon wieder befreien.

Ein passendes Sinnbild für die Reinigung mit dem Element Wasser ist ein Zimmerbrunnen. Sie können sich das so vorstellen: Das plätschernde Wasser spült laufend die negativen Gefühle hinweg, nimmt sie mit sich, verdünnt sie und macht sie schließlich unschädlich. Allein dieses Bild in Ihrem Inneren unterstützt schon die Umsetzung.

Für eine Reinigung mit Wasser halten Sie Ihre Hände über eine Schale mit Wasser und sprechen dabei einen Segen. So überträgt sich Kraft auf das Wasser, mit dem Sie dann ein Reinigungsritual durchführen. Besprühen Sie die Gegenstände, die Sie reinigen wollen, mit diesem Wasser, und bitten Sie das Element Wasser um Unterstützung. Stellen Sie sich vor, wie das Wasser-Element alle schlechten Erinnerungen und unguten Gefühle, die daran noch hängen mögen, abwäscht und energetisch reinigt. Bedanken Sie sich beim Element Wasser, während die feinen Tropfen trocknen, und fühlen Sie die frische Atmosphäre, die Sie nun umgibt.

Für diese Reinigungsübung können Sie auch Heilwasser aus einer Quelle oder geweihtes Wasser nehmen. Wenn die Wände, die Sie ja schützen sollen, Risse aufweisen, dann besprühen Sie diese Risse ebenfalls mit geweihtem Wasser. Ein Riss ist eine Störung, die unentwegt mit dieser Energie auf Sie einstrahlt. Natürlich kittet diese Energieübung den Riss nicht, das müssen Sie schon selbst erledigen oder einen Handwerker beauftragen. Weihwasser aber ist auf der energetischen Ebene in der Lage, die Störung harmonisch auszugleichen. Die Information von »Zerstörung« können Sie so aus Ihrer Umgebung löschen.

Zur Feinreinigung wirkt es herrlich, wenn Sie Rosenwasser versprühen und zusätzlich in den Zerstäuber ein paar Tropfen der Bachblüte Crab Apple geben. Die Rose mit ihrer Sanftheit hat eine heilende und liebevolle Schwingung und überträgt diese auf ihre Umgebung. Crab Apple gilt unter den Blütenessenzen als die Reinigungsblüte schlechthin und wirkt wunderbar klärend. Zusammen sind Crab Apple und Rose ein Gedicht!

Die Äther-Reinigung

Das Element Äther ist nicht sichtbar. Als energetisches Reinigungsmittel lässt es sich dennoch sehr gut verwenden und zwar in Form von Bitten und Danken. Auch jedes Gebet, jeder gute Gedanke und jedes liebevolle Gefühl werden vom Äther durch Zeit und Raum getragen. Ein reinigender Effekt der Atmosphäre lässt sich dabei deutlich wahrnehmen.

Äther ist der Strom an Lebensenergie, vergleichbar mit Chi oder Prana, der alle Wesen und die Erde selbst durchzieht. Ist dieser Energiestrom vorhanden, ist er gut spürbar – man fühlt sich energiegeladen. Fehlt er jedoch, fühlt sich das Leben mühsam und schwer an. Depressionen können sich ausbreiten. Die Reinigung mit dem Element Äther ist für sehr sensitive Menschen zu empfehlen.

Auch wenn Sie nicht die geringste Vorstellung haben, wie geistige Wesen aussehen oder sogar deren Existenz anzweifeln – tun Sie jetzt trotzdem so, als ob es sie gäbe. Nehmen Sie Kontakt auf mit den Elementarwesen und den Schutzengeln Ihres Ortes. Sprechen Sie mit ihnen, ganz so, wie Sie mit einem guten Freund, einem wunderbaren Menschen sprechen würden. Bitten Sie sie um Reinigung, um Schutz,

Frieden, Wohlergehen, Gesundheit oder was immer Ihnen sonst am Herzen liegt.

Versenken Sie sich in eine Meditation. Setzen Sie sich aufrecht hin, und schließen Sie die Augen. Laden Sie das Äther-Element und mit ihm Engel und Naturwesen ein, Sie zu beschützen und Ihnen bei der energetischen Reinigung zu helfen. Bauen Sie über Ihre Füße eine Verbindung zur Erde und über Ihren Kopf eine Verbindung zum Himmel auf. Fühlen Sie sich von der Kraft der Erde getragen und gehalten und vom göttlichen Licht des Himmels umstrahlt und durchdrungen. Bleiben Sie kurz in dieser Vorstellung, die Sie selbst reinigt und stärkt.

Bitten Sie das Element Äther, Sie bei der Reinigung zu unterstützen. Stellen Sie sich einen goldenen Lichtwirbel vor, der durch Ihr Haus, durch Ihre Wohnung wirbelt, erst durch den Raum, in dem Sie sitzen, dann nacheinander durch alle Zimmer, in jede Kammer, in jede Ecke, in jeden Winkel hinein, der schließlich alles Schädliche und Schmutzige mit sich nimmt, hinaus in den Kosmos und es dort auflöst und neutralisiert im Meer der Unendlichkeit. In Ihrem Zuhause bleibt ein strahlendes, helles Licht zurück, das weithin ausstrahlt, über Ihr Grundstück hinaus, das Haus von innen erhellt und es von außen wie ein Schutzwall umgibt.

Danach danken Sie den Engeln und Naturwesen sowie dem Element Äther für ihre Hilfe beim Reinigen. Fühlen sich ganz in sich zu Hause, strecken Ihre Glieder, öffnen die Augen und genießen die Wirkung Ihrer strahlenden Umgebung.

Sprechen Sie Ihre Bitten und Ihren Dank laut aus. Das gesprochene Wort verstärkt jede gedachte Absicht. Damit können Sie jeder Ihrer Handlungen eine zusätzliche Kraft verleihen und dabei sichergehen, dass sich die Angelegenheit zum Wohle für alle Beteiligten entwickeln wird.

Nie vergessen sollten Sie das Dankesagen. Das gilt für Menschen wie auch für geistige Wesen, die Sie begleiten oder von denen Sie etwas erbitten. Bedanken Sie sich auch dafür, dass Sie den Platz, auf dem Sie wohnen, nutzen dürfen. Sie werden sehen, wie viel harmonischer dann alles gelingt.

Das Danken kann durch Worte geschehen, durch Gedanken, aber auch durch Gefühle. Schicken Sie den Engeln und Lichtwesen, die Sie durch die kleine Zeremonie begleitet haben, Freude oder Liebe. Schicken Sie wie mit einem Zauberstab glitzernde Partikel als Dankeschön. Oder legen Sie einige Rosenblütenblätter aufs Fensterbrett. Werden Sie spielerisch!

Loslassen

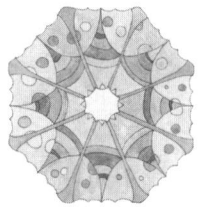

In unserer Zeit gibt es immer mehr Menschen, die sehr frei und unabhängig leben. Sie brauchen Auto, Haus und Möbel nicht zu besitzen, es reicht ihnen, dies alles zeitweise zu nutzen und zu teilen. Sie unterschreiben keinen Arbeitsvertrag, der für ein ganzes Leben gilt, sondern werden als freie Mitarbeiter tätig. Sie pflegen nicht den ererbten Besitz der Familie, sondern verkaufen alles und mieten sich mal hier, mal dort ein. Sie heiraten nicht und bleiben zusammen, bis dass der Tod sie scheidet, sondern leben ohne Trauschein, mit wechselnden Partnern und in bunten Patchworkfamilien, ganz ohne gesellschaftlichen Makel. Loszulassen und flexibel zu reagieren ist diesen Menschen eine Selbstverständlichkeit. Sie sind die Kinder der neuen Zeit, sie können mit den aktuellen Anforderungen gut umgehen.

Was aber ist mit denen, die Sicherheiten lieben und die Wert auf Besitz und Festigkeit legen? Was macht man, wenn man eben nicht zu den Menschen gehört, die das Losgelöstsein und die Veränderungen schätzen? Wenn man sie, im Gegenteil, fürchtet und nichts lieber hätte als das tägliche Gleichmaß? Wenn man Jahrzehnte in einer Beziehung bleibt, weil man an die Treue glaubt? Wenn man kein Freund des reduzierten Wohnens ist, wo man im Extremfall auf gepackten Koffern sitzt, jederzeit bereit für einen Umzug? Wenn man stattdessen ein großes Haus mit Nebengebäuden mag, in denen sich viele Dinge sammeln dürfen, sodass man sie hat, wenn man sie braucht? Wenn man nicht in der Leichtigkeit und Beweglichkeit sein Glück findet, sondern in der Fülle und im Bewahren der Traditionen?

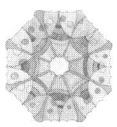

Ist man dann einfach falsch auf dieser Welt? Muss man versuchen, sich zu verbiegen? Oder die anderen zu ändern?

Solch eine bewahrende Einstellung zu haben mag nicht sehr zeitgemäß sein, aber manche Menschen sind tatsächlich damit geboren. Sie können nicht aus ihrer Haut. Sie sind als Hüter des »Ist« auf die Welt gekommen. Ihr ganzes Wesen ist auf Erhalt und Beständigkeit ausgelegt. Sie lieben es, sich im vertrauten Umfeld zu bewegen. Abschiede fallen ihnen schwer. Sie sind die Bewahrer und Beschützer von Hab und Gut. Abenteuer und Neuerungen überlassen sie anderen. Für sie ist diese Zeit der schnellen Veränderungen und der ständig lauernden Aufforderung zum Loslassen eine echte Plage. Allein die Aussicht auf einen möglichen Verlust oder einen fälligen Abschied kann sie bis tief in ihre Seele hinein erschrecken. Da fühlen sie sich wie kurz vor einem Erdbeben, so, als könne ihnen jederzeit der Boden unter den Füßen weggezogen werden.

Aber: Die Zeit ist nun mal so, wie sie ist. Über die Epochen hinweg sehen wir, dass auf der Erde für alle Charaktere Platz ist, für die veränderlichen genauso wie für die bewahrenden. Es gab Phasen in der Geschichte, in der die Qualitäten von Erhalt und Beständigkeit mehr gefragt waren. Im Moment ist eine Umbruchphase, es ist eine Zeit des Wandels. In welche Epoche man hineingeboren wird, lässt sich (vielleicht) nicht bewusst steuern. Es nützt also nichts: Jeder muss versuchen, mit den Gegebenheiten klarzukommen, und zwar unabhängig davon, wie er selbst veranlagt ist. Es bleibt nichts übrig, als den Wandel zu akzeptieren – dabei aber das eigene Naturell als wertvoll zu sehen und zu würdigen.

Man darf nicht alle Menschen mit demselben Maßstab messen. Das gilt in jedem Bereich und eben auch dann, wenn es eine vorherrschende Zeitströmung gibt, wie aktuell die Lust an Veränderungen. Was für den einen Menschen ein Leichtes ist, ist für den anderen eine

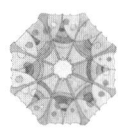

haushohe Herausforderung. Das heißt auch, dass die auf Beständigkeit angelegten Menschen doch ein paar Schritte in Richtung Loslassen und Leichtigkeit tun können und auch tun sollten. Denn sie wurden nun mal genau jetzt in dieser schnellen Zeit geboren. Die anderen, die dies bereits können, haben andere Herausforderungen zu meistern. Ohne Aufgabe wären auch sie nicht hier. Vielleicht ist es ihr Thema, sich in Toleranz zu üben? Jeder Mensch ist auf der Welt, um etwas dazuzulernen und seine Seelenaufgabe zu erfüllen. Keiner muss sich verbiegen und gegen seine Natur leben. Er braucht auch nicht zu werden wie alle anderen. Er kann durchaus den Wert seiner Qualitäten deutlich machen – für sich und für die anderen, die vielleicht Gefahr laufen, diese Werte zu vergessen und zu verlieren. Doch er darf sich trotzdem für die jeweils andere Seite öffnen. So kann der veränderungswütige Mensch die Bedeutung von Wurzeln kennen und schätzen lernen. Und der sicherheitsliebende Mensch kann über Flügel staunen und welche ausprobieren.

Materiell gesehen besitzen wir hier in Mitteleuropa allerdings meist ein Übermaß an Dingen. In weiten Teilen der Welt ist das nicht so, doch bei uns hat der persönliche Besitz große Ausmaße angenommen. Es steht zu viel in der Wohnung, auf dem Schreibtisch, in den Regalen. Der Kleiderschrank platzt aus allen Nähten. Dreifachausführungen an Werkzeug und Geschirr drängeln sich neben Vorräten für die nächsten fünf Jahre. Viele von diesen unzähligen Gegenständen, die uns umgeben, sind längst zur Belastung geworden. So viel braucht kein Mensch. Der Verstand weiß das. Doch in den Tiefen der Gefühle rumort es, wenn es ums Aussortieren geht. Das Unterbewusstsein wehrt sich massiv und macht das Loslassen unmöglich. Dahinter steckt meist eines: Angst. Es ist die Angst, dass die Sachen fehlen werden, wenn man sie braucht. Dass Erinnerungen verloren gehen, wenn die Dinge nicht mehr da sind, an die sie geknüpft sind.

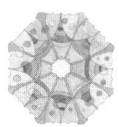

Dass die Sicherheit verloren geht, wenn man zu viel weggibt. Dass man weniger wert ist ohne all diese Dinge. Vielleicht auch, dass das Leben im Chaos versinkt. Und ganz sicher, dass zu wenig da ist, wenn eine Zeit der Not kommt. Denn Zeiten des Mangels sind in uns allen abgespeichert, ob aus persönlichen Erfahrungen oder aus übernommenen Mustern der Generationen vor uns. Das aber, woran man am meisten denkt, zieht man an wie ein Magnet, besagt eine alte Weisheit. Ständig dagegen anzukämpfen macht das Leben zu einer Plage, zu einer ganz großen Anstrengung.

Wer jedoch seine Einstellung zum Thema Loslassen geklärt hat, kann auch das Reduzieren der Dinge in seiner Umgebung angehen. Damit lässt sich das Leben in jeder Hinsicht erleichtern. Das gilt auch für die aufs Bewahren angelegten Menschen, selbst wenn diese sich nur von wenigen Stücken trennen werden. Die können es jedoch in sich haben.

Nutzen Sie Ihre Putzzeiten und Reinigungsrituale in Zukunft auch dazu, bewusst wahrzunehmen, womit Sie sich eigentlich umgeben. Schauen Sie jeden Gegenstand, den Sie reinigen, an. Entscheiden Sie, ob Sie ihn mögen und brauchen. Trennen Sie sich von Dingen, die Sie belasten. Davon kommen immer wieder welche in Ihr Leben, Sie müssen sich nicht zusätzlich mit Altlasten beschweren.

Schauen Sie sich bei sich zu Hause um. Manche Dinge sind wirklich schön, daher haben Sie sie vermutlich nicht weggegeben. Doch wenn sie mit negativen Emotionen aufgeladen sind, ist auch die Schönheit beeinträchtigt. Ein Schmuckstück kann Sie an eine unglückliche Liebe erinnern, ein Buch an eine lange Krankheit, eine Uhr an eine schwierige Ausbildungszeit, eine Vase an eine Reise voller Streit. Haben Sie all diese Dinge aus Ihrem Gesichtsfeld verbannt und im Schrank verstaut, so werden Sie doch damit konfrontiert, wenn Sie den Schrank öffnen. Warum behalten Sie diese Sachen? Der Er-

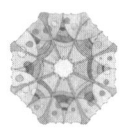

innerungswert kann es nicht sein. Wenn sie einen hohen materiellen Wert haben, dann verkaufen Sie sie. Mit dem Geld können Sie sich etwas anderes Schönes kaufen, etwas, das Ihrer Seele guttut. Oder Sie können es Menschen zugutekommen lassen, die Unterstützung brauchen.

Sträubt sich jetzt ein Teil in Ihnen, der Sie daran hindert, sich von diesem Gegenstand zu trennen? Auch wenn Ihr Verstand längst Ja gesagt hat? Dann sind Sie vermutlich energetisch noch daran gebunden.

Bleiben Sie sich bewusst, dass es sich bei all diesen Gegenständen eben nur um Dinge handelt. Diese haben die Bedeutung, die Sie ihnen zuweisen. Sie müssen sich nicht von ihnen wie von Gespenstern erschrecken lassen. Im Grunde erinnern Sie all diese Sachen, dass da etwas in Ihrem Inneren rumort. Da gibt es einen Punkt in Ihrer Vergangenheit, der danach schreit, ihn in Ordnung zu bringen. Hier liegt die eigentliche Aufgabe des Aufräumens. Die materielle Ebene signalisiert Ihnen lediglich, wo es anzusetzen gilt. Die eigentliche Ursache des Problems liegt im geistig-seelischen Bereich. Deshalb fällt es Ihnen so schwer, sich von diesen Dingen zu trennen. Denn Gefühle binden. Das gilt für Liebe und freundschaftliche Gefühle, aber eben auch für negative Emotionen. Ist ein Gegenstand mit Trauer, Hass, Wut oder Schmerz besetzt, hat er seine Neutralität verloren. Er wird schwer, und damit ist es auch schwer, ihn loszuwerden. Wenn Sie die dahinterliegende Ursache gelöst haben, ist der Gegenstand befreit, und Sie sind es auch. Dann können Sie die Vase, die Uhr, das Buch oder das Schmuckstück entspannt nutzen – oder leichten Herzens weggeben. Das kann dann sogar den »Bewahrern« gelingen.

Lassen Sie zusätzlich den Schild »Loslassen« auf sich und im Raum wirken. Dieser Schild hilft dabei, sich innerlich zu sortieren und »Dinge« von »Gefühlen« zu trennen. So fällt das Loslassen schließlich

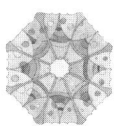

leichter. Wir können uns von Belastungen und Bindungen befreien, die unserem System nicht mehr guttun und die es nicht braucht. Wie bunte Luftblasen können sie sich verziehen. Wir sehen, wie herrlich spielerisch wir mit dem Thema Loslassen umgehen können.

Das Loslassritual

Der Verstand hat es meist längst begriffen, dass die Verknüpfung zwischen Menschen und Dingen unguter Natur ist. Auf einer tiefen Gefühlsebene ist die Bindung jedoch noch vorhanden. Diese Verstrickung gilt es zu lösen. Sehr gut geht dies mit einem kleinen Ritual.

Dazu konzentrieren Sie sich auf Ihren Solarplexus. Dieser liegt etwas oberhalb des Nabels und gilt als der Punkt im Körper, an dem wir Bindungen zu Menschen und Situationen aufbauen, die nicht von Liebe, sondern von anderen Emotionen gehalten werden. Über diese energetischen Bänder sind wir verbunden und gebunden. Vom Solarplexus gehen insbesondere Verbindungen aus, die mit dem Thema Macht zu tun haben. Auch Eifersucht, Kontrollzwang, Verlustängste, Wut und viele andere Emotionen sind hier zu Hause. Bindungen, die vom Solarplexus ausgehen, haben die Tendenz, zu Abhängigkeiten zu führen. Hier hängt also alles, was zentnerschwer auf uns lastet. Diese Bindungen gilt es zu durchtrennen, wenn Sie frei sein wollen.

Manche Menschen mögen das nicht, weil damit ja der andere auch frei wird. Das gönnen sie ihm nicht. Jemand, der ihnen viel Leid angetan hat, soll nicht seine Freiheit bekommen, sondern weiter leiden, so empfinden sie das zumindest. Möglicherweise aber leidet der andere schon lange nicht mehr, sondern steht zu der Entwicklung, fühlt sich sehr frei und ist längst wieder glücklich. Sie selbst aber leiden weiter, indem Sie Ihr Band aufrechterhalten. Das ist nicht zielführend und so auch nicht richtig. Stellen Sie sich deshalb vor, dass

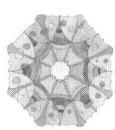

die Verbindung nicht direkt zu der Person, sondern zu dem Ereignis geht, das Sie beide gemeinsam erlebt haben. Sie durchtrennen nur das Band, das von Ihnen zu diesem Ereignis führt. Seinen Part, also sein eigenes Band muss der andere selbst durchtrennen. Das können Sie gar nicht für ihn machen. So fällt es Ihnen leichter, sich zu verabschieden. Sie werden frei.

> Stellen Sie sich vor, dass Sie eine goldene Schere nehmen und damit diese Energiebänder durchschneiden. Machen Sie diesen Vorgang achtsam, nicht nebenbei, sondern mit Ihrem ganzen Bewusstsein. Atmen Sie dabei tief aus, sodass mit dem Atem alles zurückfließen kann, was in Ihnen an Belastungen, Trauer und Leid gespeichert ist. Beim Einatmen stellen Sie sich vor, dass ein kraftvoller Energiestrom, der an das Ereignis gebunden war, zu Ihnen zurückfließt. Sie haben jetzt wieder die Anteile an Freude, Leichtigkeit, Vertrauen oder was sonst in der Vergangenheit festgebunden war. Machen Sie die Trennungsübung ruhig mehrmals hintereinander, langsam und achtsam, bis Sie sich erfüllt und leicht fühlen.

Noch ein Hinweis: Falls Sie mit einem Menschen durch eine Abhängigkeit, zusätzlich aber auch in Liebe verbunden sind, so sollten Sie wissen, dass die Liebesbande immer von Herz zu Herz gehen. Dieser Unterschied ist gerade in Liebesbeziehungen und innerhalb der Familie von immenser Bedeutung.

Die Herzensbindungen werden mit dieser Loslassübung nicht durchtrennt. Die Liebe darf und kann immer frei fließen – und tut es sogar noch deutlich kraftvoller, wenn sie von den unguten und belastenden Bindungen befreit ist.

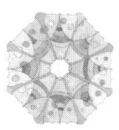

Das Versöhnungsritual

Im Anschluss daran oder auch einige Zeit später können Sie ein Versöhnungsritual durchführen. Spüren Sie in sich hinein, wann es Ihnen guttun würde. Vielleicht haben Sie noch Traurigkeit in sich, vielleicht schmerzt eine seelische Wunde. Geben Sie sich Zeit zum Heilen, aber unterstützen Sie die Heilung, indem Sie nicht in den Wunden herumstochern, sondern ein heilendes, tröstendes Elixier draufgeben.

Auch hierbei sollten Sie nicht Ihren ehemaligen Gegner im Blick haben, dem Sie vielleicht den Seelenfrieden noch nicht gönnen. Er bekommt nicht zwangsläufig seine innere Ruhe, nur weil Sie jetzt besser mit der Situation klarkommen. In seinem Inneren muss jeder selbst die Versöhnung zulassen. Tut der andere das nicht, herrscht nur Frieden für Sie und nicht für ihn.

Wie ein heilendes Elixier wirkt ein Dankeschön. Senden Sie aus der Tiefe Ihrer Seele ein überzeugtes »Danke« ans Schicksal. Dieses hat Ihnen die Erfahrung beschert, aus einer schwierigen Situation herauszukommen, und ermöglicht Ihnen nun eine wundervolle Wendung. Segnen Sie zum Abschluss die Situation, wie sie jetzt ist. Wenn Sie mögen, stellen Sie sich zwischen Ihnen und der Situation ein kraftvolles Schutzsymbol vor, wie eines der Energie- und Schutzschilde, eine Rose oder auch die Blume des Lebens als Symbol von kosmischer Ordnung und Harmonie.

Klären

Ob man mit dem Auto unterwegs ist, in einem Supermarkt einkauft oder gerade vor dem Fernseher sitzt – das äußere Leben läuft meist ab wie ein Dauerwerbespot, mit schnellen Cuts und immer neuen Wendungen. Die Eindrücke wechseln rasant. Wer doch, statt kurze Botschaften zu senden, mit Menschen direkt ins Gespräch kommt, hat es schwer, Tiefe zu finden. Gern wird sich über das Wetter und andere Belanglosigkeiten ausgetauscht, die eigene Gemütslage aber wird ausgeklammert. Viel wird beredet, zu wenig gewürdigt. Selbst Feiertage und Urlaubswochen werden vollgeladen mit Events, mit Einladungen und gesellschaftlichen Verpflichtungen. Zeit für die Seele? Fehlanzeige! Gerade das aber wäre so wichtig. Denn eigentlich werden die Menschen doch immer sensibler, immer feinstofflicher. Sie bräuchten viel Zeit, um diese Flut an Eindrücken zu verarbeiten.

Die Hektik völlig aus unserer Welt zu verbannen, wird nicht gehen. Zumindest nicht, solange wir so leben, wie wir eben leben. Unsere Arbeit ist durchgetaktet, die Freizeit ist es auch. Die meisten Menschen mögen dieses Leben durchaus und sehnen sich nicht nach dem bäuerlichen Leben der vergangenen Jahrhunderte. Dies war vielleicht weniger schnell, aber anstrengend war es auch. Könnte man es sich aussuchen und zwischen diesen beiden Alltagsvarianten wählen, würden die meisten Menschen wohl doch die Sicherheit und Bequemlichkeit unseres modernen Lebens vorziehen.

Allerdings kommt der Druck nicht immer von außen. Manche Leute sind Meister darin, sich ihren Stress selbst zu machen. Sie schaffen es, schon aus kleinsten Vorhaben einen riesigen Wirbel zu

veranstalten. Auch ihre räumliche Umgebung gleicht einem einzigen Durcheinander.

Ordnung im herkömmlichen Sinn zu halten gelingt ihnen nicht. Der Schreibtisch und meist auch die Wohnung sind das reinste Chaos. Ob es sich dabei noch um kreatives Chaos handelt und ob Suchen wirklich so viel Spaß macht, darf bezweifelt werden. Hektik und Stress entstehen aber nicht nur durch räumliche Unordnung, sondern auch durch zeitliches Durcheinander. Da werden Termine vergessen, wodurch man Alltäglichkeiten nicht auf die Reihe bringt. Ständig wird etwas verschoben oder muss abgesagt werden, weil man nicht daran gedacht hatte, dass der Tag ja schon verplant war. Das nervt. Nun kann ja bekanntlich keiner aus seiner Haut. Auch fördert es nicht gerade die Vielfalt, wenn man versuchen würde, allen Menschen eine klassische Ordnung aufzuzwingen. Mal abgesehen davon, dass es nicht funktioniert, wäre es auch schade um die Paradiesvögel, die den Hang zum Chaos in sich tragen. Denn gerade durch eine spontane Planänderung ist schon so manches Gute entdeckt worden. Die Weiterentwicklung besteht also nicht darin, seine Anlagen zu beschneiden oder sich zu verbiegen, sondern sie besteht darin, das Potenzial zu erkennen, das in einem selbst verborgen liegt. Jede Eigenschaft hat schließlich eine helle Seite – auch im Hinblick auf den Stress.

Keiner braucht also im Chaos unterzugehen. Man muss nur eine klare Struktur finden, eine, die zu einem selbst passt. In die Bildersprache übersetzt könnte das Thema Ordnung für verschiedene Persönlichkeiten so aussehen: Der eine hat einen Holzschrank mit beschrifteten Schubladen. Hier findet er alles und zwar immer. Der andere hat ein Regal mit einzelnen farbigen Hängekästen und offenen Schüben. Hier findet er meistens, was er braucht, und bekommt gleichzeitig ständig neue Impulse. Beim nächsten besteht die Ord-

nung aus einer großen Truhe. Hier zu wühlen, ist ihm eine Freude, auch wenn er geraume Zeit braucht, um etwas Bestimmtes zu finden. Manches aus der Vergangenheit kann für ihn eine wertvolle Inspiration für ein aktuelles Problem enthalten. So kann jeder zu seiner eigenen Ordnung und Klarheit finden.

Nun hat Chaos aber nicht nur mit Ordnung und Alltagsgestaltung zu tun. Manchmal fühlt man sich einfach durchs Leben selbst und durch eine Anhäufung von Aufgaben überfordert. Es ist nur menschlich, in solchen Situationen unüberlegt zu reagieren, zu hektisch, zu nervös und vor allem zu unachtsam. Andere Menschen werden einfach »überfahren«, auch auf die eigenen Bedürfnisse wird nicht mehr geachtet. Das laugt die Kräfte aus, die Energie ist am Ende. Das Leben ist kompliziert geworden.

Was hilft? Wie lässt sich der Stress entmachten, wie gewinnen wir die Übersicht wieder? Zunächst gilt es, innezuhalten und eine Pause einzulegen. Das heißt, jede Tätigkeit unterbrechen, durchatmen, zur Besinnung kommen. Denn eine Aktion würde ja schon wieder eine neue Anforderung und damit neuen Stress bedeuten. Wir müssen gar nicht krampfhaft versuchen, etwas zu tun, um die Situation in den Griff zu kriegen. Wir können »es« einfach mal nur geschehen lassen.

Ein guter Weg ist in der Achtsamkeit für den gegenwärtigen Moment zu finden. Sich bewusst zu werden, wo Sie gerade sind und was Sie gerade tun, ist einfach und ungeheuer wirkungsvoll, um den Druck aufzulösen. Üben Sie das Nichtstun. Beobachten Sie. Machen Sie Atemübungen. Werden Sie sich Ihrer selbst gewahr. Das ist der beste Weg, um wieder zu sich zu finden, anstatt sich noch mehr aufzubürden und sich um noch mehr zu kümmern.

Um im Hier und Jetzt anzukommen, brauchen Sie im Grunde nur wenige Augenblicke, in denen Sie Ihre Wahrnehmung trainieren.

Mit der Zeit schärfen Sie damit Ihr Bewusstsein für den gegenwärtigen Moment.

Atmen Sie ein. Atmen Sie aus. Langsam und gleichmäßig. Einfaches Achten auf den Atem, bewusstes Einatmen, bewusstes Ausatmen, hilft, sich zu zentrieren und innerlich auszugleichen. Nach einigen Atemzügen konzentrieren Sie sich auf nur zwei Sinneswahrnehmungen. Nehmen wir das Sehen und das Hören: Nehmen Sie wahr, wo Sie sich befinden und was Sie sehen, ohne den Kopf zu drehen. Schauen Sie es nur an. Atmen Sie. Dann nehmen Sie wahr, was Sie hören, welche Geräusche genau jetzt an Ihr Ohr dringen. Hören Sie zu. Beurteilen und bewerten Sie Ihre Wahrnehmungen nicht, bleiben Sie nur beim Wahrnehmen, nur für diesen kleinen, kostbaren Moment der Achtsamkeit, des Gewahrseins. Atmen Sie.

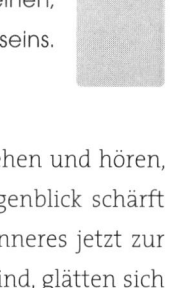

Das Besondere daran ist, dass Sie immer nur das sehen und hören, was aktuell da ist. Die Achtsamkeit für diesen Augenblick schärft Ihre Wahrnehmung und bringt Ihr aufgewühltes Inneres jetzt zur Ruhe. Und Sie wissen ja: Wenn Sie innerlich ruhig sind, glätten sich auch die Wogen in der äußeren Welt.

Achtsamkeit zu üben ist etwas Wunderbares, nicht nur beim Reden, Arbeiten, Essen und Lieben, sondern in allen Bereichen des Lebens. Dadurch wird uns inmitten all der Schnelllebigkeit die Qualität des Lebens wieder richtig bewusst.

Nur auf eines sollten Sie achten: Bleiben Sie bei aller Achtsamkeit dennoch spontan. Denn was geschieht denn, wenn jedes Wort abgewogen wird, wenn jede Handlung überschlafen wird, wenn je-

der Gedanke im Kopf gewälzt wird, bis er endlich Gestalt annehmen darf? Das macht unfrei!

Spontan drauflos zu leben hat daher auch seinen Reiz. Denn dadurch lernen wir viel Neues kennen, und wir machen Erfahrungen in jeder Richtung. Zu einem achtsamen Leben gehört auch, zu seinen Fehlern zu stehen und die Folgen »erwachsen« zu regeln. Dafür sind wir Menschen, dass wir Gesetze machen und sie übertreten – auch unsere eigenen. Es hält frisch und macht letztlich reif. Denn damit zeigen wir, dass wir bereit sind, Verantwortung zu übernehmen für alles, was wir denken, sagen und tun. Wir drücken aus, dass wir Individuen sind und nicht in vorgefertigte Schemata passen, kalkulierbar und einschätzbar. Im Gegenteil. Wir sind unberechenbar, wir sind immer wieder anders und mit einer ungeahnten Bandbreite an Fähigkeiten und Möglichkeiten. Schon Goethe wusste, dass der Mensch seiner Triebe fähig wie mächtig sein solle. Wie bei allem im Leben gilt es auch hier, eine Mitte zu finden.

Wer nur kontrolliert lebt, beherrscht die Triebe. Er geht vernünftig mit seinen Ressourcen um und achtet gut auf seine Bedürfnisse. Aber wagt er sich auch mal über die Grenzen? Stößt er seine eigenen Regeln um? Traut er sich etwas? Wer nur nach eisernen Regeln lebt, wie ein Programm, das er sich und anderen auferlegt, sollte besser innehalten. Das Leben ist nämlich weicher, veränderlicher, überraschender. Diese Entdeckung sollte er sich gönnen, um das Gefühl zu bekommen, wahrhaft zu leben.

Wer dagegen nur den Trieben die Oberhand lässt, wird sehr viele Erfahrungen machen und eine Bandbreite an Gefühlen kennenlernen. Gesund ist das auf Dauer meist nicht, und der Welt tut man damit eher selten etwas Gutes. Wer nur drauflos lebt, ohne nachzudenken, was er arbeitet, was er mit seinem Leben und seiner Gesundheit macht oder was er mit seinen Worten anrichtet, für den gibt es ganz

viel zu entdecken in Richtung Achtsamkeit. Für ihn heißt es, Bewusstsein zu entwickeln. Daraus wiederum ergeben sich fast zwangsläufig Mitgefühl und Liebe für alle Wesen, auch für sich selbst.

Liebe und Mitgefühl drückt auch der beigefügte Schild »Klären« aus. Seine zarten Farben, sein Rosa, Hellblau, Hellgrün und Hellgelb, lassen weiche Gefühle und freundliche Gedanken hochkommen. Wirklich gut geht es uns, wenn Gefühle und Gedanken klar sind, nicht verworren. Die deutlich abgetrennten, einzelnen Segmente in diesem Schild sorgen für Klarheit und Unterscheidung, genauso wie die feinen Farben. Lassen Sie das Bild auf sich wirken, um so auf einer tiefen Ebene den Prozess des Klärens zu unterstützen.

Lassen Sie Klarheit und Achtsamkeit zu selbstverständlichen Begleitern Ihres Lebens werden. Leben Sie erwachsen und bewusst. Seien Sie bereit, die Folgen Ihrer Handlungen anzuerkennen und anzunehmen. Wenn Ihnen die Grenzen zu eng werden, dann trauen Sie sich, sie zu übertreten und sich neue Grenzen zu setzen. Dadurch werden Sie frei, Ihre eigenen Entscheidungen zu treffen und Ihre eigenen Wege zu gehen. Sie ordnen sich weder dem Mainstream unter noch halten Sie an einer kräftezehrenden Anti-Haltung fest. Ihr Leben wird klar. Sie leben so, wie es Ihrem Wesen entspricht. Das ist wirklich gesund – und wahre Achtsamkeit.

Mehren

Auch wenn das Loslassen und Klären einen hohen Stellenwert einnimmt, gerade in Zeiten der Überfüllung und Überfrachtung an Dingen, Gefühlen und Gedanken, so brauchen wir dennoch kein Leben wie ein Bettelmönch zu führen.

Wesentlich ist, dass uns bewusst ist, dass wir irdische Dinge nicht ins Jenseits mitnehmen können und dass belastende Emotionen und blockierende Gedanken die Seele im Gegenteil daran hindern, sich frei und unbeschwert weiterzubewegen, wenn es an der Zeit ist, die Existenz zu wechseln. Wenn wir dieses Wissen in uns verankert haben, steht es uns frei, uns aller Geschenke der Erde zu erfreuen, sie wertzuschätzen und sie auch eine Zeit lang zu sammeln. Wir dürfen uns reich fühlen und können reich werden, auch im materiellen Sinn. Reichtum kann uns viel persönliche Freiheit geben, eine Freiheit, die wir nutzen können, um unser Licht scheinen zu lassen. Reichtum kann dieses Licht nur behindern, wenn er zur Gier wird. Voneinander abhängig sind materieller Wohlstand und spirituelle Entfaltung jedoch nicht.

Reich zu sein hat für viele Menschen etwas Verlockendes – und genauso etwas Anrüchiges. Es gilt ihnen als unmoralisch, überdurchschnittlich viel Geld zu verdienen. Sie neigen dazu, innerliche Grenzen festzulegen, welche Summen sie für angemessen halten und mit welchen Beträgen sie nicht mehr umgehen können. Kommt doch eines Tages ein hoher Geldbetrag auf sie zu, der diese Grenze übersteigt, etwa durch einen großen Auftrag, einen hohen Gewinn oder eine reiche Erbschaft, dann laufen sie Gefahr, diese hohe Summe

sehr schnell wieder zu verlieren. Die einen legen dieses Geld für Jahrzehnte so fest an, dass sie es nie wirklich nutzen können und weiterhin darben. Andere verspekulieren und verspielen das Vermögen in kurzer Zeit. Aus einer inneren Abwehrhaltung heraus oder aus der Unfähigkeit, empfangen zu können, signalisieren sie ihrem Unterbewusstsein: »Das ist zu viel für mich.« In der Folge davon tut ihr Unterbewusstsein, was es kann – es schickt ihnen unvorhergesehene Ausgaben, und dahin ist das viele Geld. Für die Betroffenen fühlt sich dieser Verlust dennoch stimmig an, denn mit wenig Geld und dem Mangeldenken können sie besser umgehen als mit allen Reichtümern der Welt. Das »Wenighaben« kennen sie. Hier können sie ungefährdet weiterträumen vom großen Durchbruch oder vom Lottogewinn. Der Verantwortung des Reichseins müssen sie sich nicht aussetzen.

Vielen stellt sich die Frage: Soll ich überhaupt nach Reichtum streben? Will ich das wirklich? Ist es nicht genug, sein Auskommen zu haben? Durchaus, denn wahrer Reichtum meint nicht die Dinge, die wir um uns herum ansammeln. Wahrer Reichtum bedeutet, im Wissen um die Fülle zu leben. Er drückt das Gefühl aus, dass für jeden genau das auf der Erde vorhanden ist, was er wirklich und wahrhaftig braucht – und davon genug. Dies gilt es zu erkennen. Dazu kann auch reichlich Sonnenschein gehören, genügend Wasser, ausreichend Wärme, frische Luft, ein guter Boden, eine verlässliche Gemeinschaft und vieles mehr.

Jeder muss also für sich herausfinden, was zu ihm passt und was ihm guttut. Auch die Grenzen muss jeder für sich festsetzen. Mag sein, dass manche auf eine höhere Qualität Wert legen und andere in der Quantität ihre Erfüllung finden. Das alles darf auch sein, denn die Menschen sind liebenswert, weil sie individuell sind, nicht weil sie gleich sind.

Trotzdem schaffen es die meisten Menschen nicht, die Fülle fließen zu lassen, sie anzunehmen, zu genießen und wieder loszulassen. Nicht umsonst vergleichen die chinesischen Feng-Shui-Meister Geld mit Wasser: Beides muss im Fluss bleiben. Hartnäckig stemmt sich bei vielen offensichtlich eine innere Blockade gegen den Reichtum. Eine innere Angst verhindert erfolgreich den Wohlstand. Die Abwehrhaltung ist in eigenen oder gesellschaftlichen Glaubenssätzen verankert. Diese können neu oder uralt sein. Wer meint, sie alle schon aufgelöst zu haben, sollte einen ungehinderten Zugang zu Geld haben. Ist dem nicht so, hat er es eben doch mit versteckten Blockaden zu tun. Das kann ein religiöses Tabu sein: »Reiche kommen nicht in den Himmel«. Es kann ein Tabu einer gesellschaftlichen Schicht sein: »Wir doch nicht. Wir gehören nicht zu denen da oben.« Weil sie seit Jahrhunderten gegen Reiche und Mächtige kämpfen, so erlauben sie es sich nicht, so zu sein wie »die«. Denn damit würden sie ja zum eigenen Feindbild werden – und das lässt sich mit ihrer Ethik nicht vereinbaren. Eine innere Blockade kann auch durch eine unausgesprochene Solidarität innerhalb der Familie ausgelöst werden, wie etwa zum geschäftlich erfolglosen Onkel oder zum Großvater, der pleite ging: »Wenn es dir nicht gelungen ist, reich zu werden, so soll es mir auch nicht gelingen. Denn ich will mich nicht über dich stellen.« Vielleicht steckt sogar eine Erinnerung an eine frühere Existenz dahinter, in der man viel Geld hatte, damit aber nichts Gutes angerichtet hatte. Um nicht Gefahr zu laufen, diesen Fehler zu wiederholen, fühlt man sich in der Armut sicherer.

Mit solchen Reichtumsblockaden kann auch eine Ahnung verbunden sein, mit den eigenen charakterlichen Anlagen nicht umgehen zu können. Viele spüren sehr genau, wie sie ticken, und reagieren darauf – zwar in unerlöster Form, aber so, dass sie damit leben können. So kann ein Mensch ahnen, dass er zu gierig werden würde, je

mehr Geld er hätte. Ein anderer kann intuitiv wissen, dass er als Reicher die Gefahr des Hochmuts nicht bannen könnte. Wieder ein anderer fühlt, dass er als Vermögender andere ausnutzen würde. Diese inneren Warnhinweise gilt es unbedingt ernst zu nehmen. Denn ein Gegner, den man kennt, lässt sich einordnen und fassen. Wer den blockierenden Punkt in seinem Charakter ausgemacht hat, der ihn hindert, reich zu werden, kann auch lernen, damit umzugehen. Jede Veranlagung lässt sich schließlich läutern. Dazu sind diese Herausforderungen da, und dazu begegnen sie uns auch im Leben.

Gerade bei Menschen, die sich zur spirituellen Seite hingezogen fühlen, ist zu beobachten, dass sie der materiellen Seite mit großer Skepsis oder gar Ablehnung begegnen. Der Grund ist: Sie erkennen sehr klar die Gefahren, die der Umgang mit Geld und Materie mit sich bringt. Diese Dinge können tatsächlich etwas Schweres, Klebendes an sich haben und vom eigentlichen Sein ablenken. Sie wissen, dass andere Werte bedeutender und für die Seelenentwicklung wichtiger sind. Daher erlauben sie sich, nur wenig Geld zu verdienen. Dabei müssten sie mit mehr Geld die spirituellen Werte keineswegs aufgeben.

Das Ablehnen der Materie bringt sowieso nicht den erwünschten Effekt, das gilt für alles, aber eben auch für Geld. Am liebsten würden die rein spirituell orientierten Menschen ihre Zeit damit verbringen, über den Sinn des Lebens zu sinnieren, sich hingebungsvoll um Heilung zu kümmern oder die Liebe zu leben. Das alles ist wundervoll und unsere Welt braucht dies mehr als vieles andere. Und doch müssen auch sie sich mit sehr irdischen Dingen wie einer kaputten Waschmaschine, einer offenen Rechnung oder einer vernünftigen Altersvorsorge auseinandersetzen. Das Thema »Materie« schleicht sich doch wieder in ihr Leben. Es ist als würde die Erde ihr Recht auf Anerkennung ihrer Werte massiv einfordern.

Heftige Existenzängste können daraus resultieren, auch wenn die grundsätzliche Einstellung auf das Vertrauen in die geistige Welt aufgebaut ist. Bei wahrhaft Erleuchteten ist das Vertrauen sicherlich groß genug, dass sie davor gefeit sind. Doch wer ist schon auf dieser Ebene? Die meisten Menschen sind Suchende und mittendrin in der Entwicklung. Sie können Fragen nach der Existenz vielleicht eine Zeit lang ausblenden, doch wenn sie überhandnehmen, können sie ihnen den Schlaf rauben. Sie sind es daher wert, sich mit ihnen zu befassen, denn wenn massive Ängste hinter allen Entscheidungen lauern, dann hat dies letztlich doch Auswirkungen auf die Lebensfreude und vielleicht auch auf die Fähigkeit zum Heilen und zum Lieben.

Das setzt eine ungute Spirale in Gang, denn aufgrund der verstärkten Aufmerksamkeit können die Ängste an Kraft gewinnen. Wer sich dagegen mit dem Thema Geld auseinandersetzt, bekommt die sehr große Chance, alte und hartnäckige Blockaden in dieser Hinsicht zu überwinden, auch wenn sie tief im Unterbewusstsein verankert sind. Befassen Sie sich auf der energetischen Ebene mit Geld und Materie. Sie können sich dadurch von einem zentnerschweren Felsblock befreien.

Wo auch immer die Ursache der Blockade liegt – Sie können sich von der geistigen Welt unterstützen lassen. Eine wirkungsvolle Methode ist es hierbei, mit Krafttieren zu arbeiten. Diese eignen sich gerade deshalb sehr gut, weil sie mit den Kräften der Erde gut vertraut sind, dabei aber die spirituelle Komponente nie außer Acht lassen. Was Sie brauchen, um sich mit den Themen Geld, Fülle und Wert zu versöhnen, sind Vertrauen und die Kraft der Transformation, der Wandlung. Eine Energieübung aus der schamanischen Tradition kann dabei helfen. Es ist eine spirituelle Reise mit zwei Krafttieren, einem Pferd und einem Drachen.

Setzen Sie »Vertrauen« mit einem Pferd gleich und »Wandlung« mit einem Drachen.

Stellen Sie sich Ihr Pferd vor Ihrem geistigen Auge vor – als Rappe, Schimmel, Brauner oder buntes Indianerpferd. Lassen Sie es in Ihrer Fantasie lebendig werden, sehen Sie es traben und springen. Und stellen Sie sich Ihren Drachen vor – in Rot, Grün, Golden, Violett oder schillernd in allen Farben. Sehen Sie Ihren Drachen laufen, schnauben und fliegen. Machen Sie sich mit den beiden Krafttieren vertraut. Spielen Sie mit ihnen, lernen Sie ihre besondere Energie kennen. Stellen Sie sich vor, wie Sie auf Ihrem Pferd namens »Vertrauen« ausreiten und wie Sie sich mit Ihrem Drachen »Wandlung« in die Lüfte erheben. Lassen Sie sich von Ihren Krafttieren Schätze zeigen, sammeln Sie unterwegs Schätze, haben Sie Spaß an der Vielfalt, Fantasie und Fülle der Erde. Stellen Sie die beiden Krafttiere an Ihre Seite, insbesondere, wenn Sie direkt mit Geld und Werten zu tun haben – wenn Sie einkaufen gehen, zur Bank gehen, Gehaltsverhandlungen führen oder Rechnungen bezahlen.

Wiederholen Sie die Übung immer mal wieder. Finden Sie Varianten mit gemeinsamen Ausflügen und erkenntnisreichen Erlebnissen. Das Pferd öffnet die Türen zu versteckten Blockaden. Es gießt Vertrauen hinein, wo Misstrauen war, es heilt Ängste, wo es schlechte Erfahrungen gab. Das Pferd ist ein Segen, grenzenlos und weit. Der Drache steuert die Kraft der Transformation, der tief greifenden Veränderung bei. Selbst festsitzende, felsenfeste Blockaden vermag er zu lösen. Er ist gründlich. Gemeinsam können die beiden Krafttiere Berge bewegen.

Setzen Sie außerdem den Schild »Mehren« ein. Schauen Sie das Bild an, oder lassen Sie es nebenbei auf Ihr Unterbewusstsein wirken. Freuen Sie sich an Orange, der Farbe der Fülle. Sie ist umgeben von Grün, der Herzensfarbe, und durchsetzt mit Lila und Blau, den Himmelsfarben. Sie sollen ausdrücken, dass sich Reichtum mit Herzensliebe und Spiritualität vereinen lässt. Lassen Sie die Schönheit der Fülle und das Glück über die Fülle in sich wachsen wie eine Blume.

Durch die energetische Arbeit mit Schild und Krafttieren erfahren Sie, wie es sich anfühlt, sich dem Fluss des Lebens anzuvertrauen und das Dasein auf der spirituellen und materiellen Seite mitzugestalten. Ein grundlegender Wandel der eigenen Struktur ist somit möglich – von der Armut zur Fülle, vom Mangelbewusstsein zum Gefühl des Reichseins. Die Welt der Fülle kann sich zeigen. Trauen Sie sich, sich reich zu fühlen, und trauen Sie sich, Ihre Güter zu mehren! Das können Sie jetzt. Nach dem Reinigen, Loslassen und Klären sollte ausreichend Raum an Ihren Wänden und in Ihren Schränken und Räumen sein. Diesen Luxus der Leere können Sie natürlich auch genießen. Aber füllen Sie die Leere erneut, wenn Sie dazu Lust haben. Bleiben Sie sich bewusst, dass das Mehren und das Loslassen einander bedingen, das ist wie mit dem Einatmen und dem Ausatmen. Es fühlt sich ungesund an, wenn eine Seite Übergewicht bekommt. Wahren Sie die Balance!

TEIL 2
DUNKELHEIT, LICHT UND FARBEN

GEGENSÄTZE

Gegensätze gibt es viele auf der Welt. Das Leben auf unserem Planeten ist der üblichen Wahrnehmung nach auf Dualität aufgebaut. Die Zweiteilung kann als die Grundlage des Lebens oder zumindest unserer Weltsicht gelten. Vielleicht gehört es zu den großen Aufgaben der Menschheit, diese Teilung zu überwinden und eine Einheit herzustellen. Das jedoch kann nicht gelingen, indem man eine Seite verklärt und die andere ausblendet. Es funktioniert auch nicht, indem man Einheit proklamiert, ohne die Extreme kennengelernt zu haben. Zunächst also gilt es, sich der Unterschiede bewusst zu werden.

Erinnern Sie sich an das Symbol von Yin und Yang, diese ineinandergreifenden Wellen in Weiß und Schwarz mit einem Kern in der jeweils anderen Farbe. Jeder Teil bleibt für sich und bildet die Ergänzung zum anderen. Gemeinsam werden sie zum harmonischen Ganzen – aber als Schwarz und Weiß, nicht als Grau.

Genau wie dieses vielsagende Symbol lassen sich Gegenstände, Tätigkeiten, Gefühle, Geschmäcker, Farben, Temperaturen, eigentlich alles, was wir auf der Welt kennen, in diesen uralten »Code« von Yin und Yang einteilen. Übersetzt man Yin und Yang in Zeichen, wird Yin als durchbrochene Linie dargestellt und Yang als durchgezogene Linie. Spannend ist, nebenbei bemerkt, dass die Computersprache ebenfalls auf zwei Strichcodes reduziert ist. Mit diesen »Binärcodes« ist das ganze Computersystem programmiert, mit Yin und Yang die ganze Welt aufgebaut – gleichzeitig also ungeheuer kompliziert und doch auch wieder verblüffend einfach.

Yin und Yang, Nacht und Tag, Ruhe und Bewegung, passiv und aktiv, kalt und heiß, nass und trocken, rund und eckig, dunkel und hell, magnetisch und elektrisch, weiblich und männlich – die Aufzählung von Gegensätzen ließe sich lange fortsetzen. Eine Wertung ist darin nicht enthalten. Die Begriffe sind neutral. Sie sind als gegensätzliche bzw. einander ergänzende Prinzipien zu verstehen. Das eine ist nicht besser als das andere. Es ist auch nicht schlechter. Es ist nur sein Gegenstück. Das eine ist nicht vollständig ohne das andere, keines kann auf Dauer allein existieren. Um diese Energiezustände wahrzunehmen und voneinander abzugrenzen, hilft uns der Vergleich von einem Extrem zum anderen.

Das Wissen um die Prise Gegensatz, das im Yin-Yang-Symbol so perfekt dargestellt ist, ist übrigens auch im praktischen Alltagswissen verankert. So wurde etwa in alten Kochrezepten immer empfohlen, dem Salat eine Prise Zucker beizugeben und dem Kuchenteig eine Prise Salz. Der Geschmack rundet sich, wenn ein Quäntchen vom Gegenteil enthalten ist. Das gilt für alles auf der Welt. Denn ist das eine im Übermaß vorhanden, wird das andere herbeigewünscht, es wird sogar zur Notwendigkeit. Es ist die Sehnsucht nach dem fehlenden Anteil. So sehnt man sich bei großer Kälte nach Wärme, in der Sommerhitze nach einer Erfrischung. Nach einem anstrengenden Arbeitstag genießen wir einen faulen Feierabend, nach der Ruhepause der Nacht freuen wir uns wieder auf neue Aktivitäten. In vielen Fällen verhalten wir uns automatisch so, dass der notwendige Ausgleich stattfinden kann. Kritisch wird es nur dann, wenn auf einer Seite ein Übergewicht herrscht. Bei zu großer Kälte erfriert die Natur, bei zu großer Hitze verbrennt sie. Zu viele Aktivitäten laugen aus, zu wenig Bewegung lässt erlahmen.

Es nützt also nichts, sich rein auf eine Seite zu verlegen. Denn was geschieht, wenn man nur das in seinen Augen »Gute« lebt? Wenn man sich von allem, was man als schlecht empfindet, abwendet? Der Effekt ist schneller da, als man es glauben will: Was man aussperrt, kommt durch die Hintertür wieder herein. Die dunklen Seiten lassen sich nicht verdrängen. Sie zeigen sich sehr schnell als Anfeindungen von außen, als Konflikte innerhalb der Gemeinschaft oder als Unzufriedenheit im eigenen Inneren. Wenn die Harmonie so aussieht, dass ein Teil ausgegrenzt wird, dann ist es keine echte Harmonie, und die verdrängten Seiten machen sich machtvoll bemerkbar. Sie wollen gesehen werden.

Die Lösung liegt im Ausgleichen. Nur dadurch lässt sich ein harmonischer und stabiler Zustand erreichen. Wird nur eine Seite gelebt und die andere verdrängt, taucht sie doch wieder auf. Das muss so sein, denn ausgrenzen können wir nichts. Wir können aber beides anschauen und würdigen. Und zwar, ohne es zu bewerten. Denn Hitze kann genauso schädlich sein wie Kälte – und beides auch genauso förderlich.

Nur noch das Licht sehen zu wollen und alles Dunkle einfach auszublenden ist vielleicht angenehmer, aber im Grunde genauso sinnlos, wie ausschließlich auf die Dunkelheit zu starren. Die Probleme auf der Erde sind nun mal da, genauso wie das Schöne im Leben. Es gibt Kriege, Konflikte, Ärgernisse, Stress und Leid. Und es gibt Freude, Herzlichkeit, Humor, Mitgefühl und Liebe. Wenn wir das eine ausklammern, geschieht es fast wie von selbst, dass sich das andere übermächtig aufbläst und doch wieder auftaucht und sei es in den Träumen. Was unter den Teppich gekehrt wird, kommt zur Unzeit wieder hoch. Das Leben hier auf der Erde hat beides, die Dunkelheit und das Licht. Beides gilt es zu würdigen, jedes auf seine Art.

Wir alle tragen helle und dunkle Kräfte in uns. So gibt es in uns das Bedürfnis nach Klarheit, das uns dazu treibt, die Welt in Schwarz und Weiß zu trennen. Wir alle tragen Wärme und Licht in uns, liebevolle Gefühle, Fürsorglichkeit und Freundlichkeit sowie den Drang nach Wissen und Weisheit. Wir alle tragen aber auch einen Rebellen in uns, der Alternativen testen will und Umstürze provoziert. Wir tragen einen Krieger in uns, der seine Kräfte messen will. Und wir tragen die Fähigkeit zur Wandlung in uns, die uns in den Sumpf hinabtauchen und das Verdrängte emporholen lässt. Wenn wir nur die sanften Wesensanteile leben wollen, machen sich die anderen umso intensiver bemerkbar. Sie laufen Sturm. Sie wollen beachtet werden. Wir haben sie schließlich nicht umsonst. Die einzige Möglichkeit, mit diesen wilden Kräften umzugehen, ist, sie zu integrieren, ihren Wert anzuerkennen und zu würdigen. Damit macht man sie quasi zu Freunden und Verbündeten.

Unsere Welt ist auf Polarität aufgebaut: Nordpol und Südpol, Sommer und Winter, Tag und Nacht, Trockenzeit und Regenzeit. Dieser Wechsel macht das Leben auf der Erde aus. Erst wenn wir die Schattenseiten als Notwendigkeit anerkennen, werden sie uns nicht mehr schaden. Das heißt, wir müssen die Umwälzungen unseres inneren Rebellen und die Zeiten der Wandlung nicht mehr mit Schrecken sehen, sondern sie als Chance auf Erneuerung begreifen. Es macht uns doch auch keine Angst, im Herbst zu sehen, wie das Laub verwelkt und der Boden den Gärungsprozess beginnt. Wird eine Gegenseite nicht beachtet, erfordert es das Gesetz des Ausgleichs, dass sie stärker wird. Werden aber beide Seiten beachtet und gewürdigt, kann schließlich wahre Harmonie einkehren.

Von einem Extrem ins andere zu fallen ist anstrengend. Doch was geschieht, wenn wir nur immer auf Ausgleich bedacht sind? Dümpeln wir dann im Mittelmaß vor uns hin? Ist das Leben dann langweilig? Genau das befürchten manche Menschen. Sie verdrehen die Augen, wenn sie nur das Wort »Harmonie« hören. Diese gilt ihnen als höchst langweilig. Das ist aber ein Missverständnis. Denn Ausgleich und Harmonie bedeutet nicht lauwarme Temperatur, einen dämmrigen Endlostag oder ein einfarbig graues Yin-Yang-Symbol. Ausgleich und Harmonie bedeutet, dass beides seinen Platz findet, dass es mal heiß und mal kalt sein darf, mal Nacht, dann wieder Tag, das Yin-Yang-Symbol in Schwarz und Weiß. Erst wenn die Gegensätze vorhanden sind und gelebt werden dürfen, entsteht ein wahrhaft harmonischer Zustand. Interessant bleibt es außerdem.

Dunkelheit

Lange Nächte und düstere Tage – die dunkle Jahreszeit wirkt nur auf wenige Menschen einladend. Wer nicht gerade ein notorischer Computerfan ist, der jahraus, jahrein nur den Bildschirm im Blick hat, oder wer nicht ein ausgeprägter Nachtschwärmer ist, der im Kneipenlicht aufblüht, hat mit dem fehlenden Licht zwischen November und Februar durchaus so seine Probleme. Kalt ist es obendrein. Kein Wunder also, dass die Wintermonate oftmals mit psychischer Düsternis, Traurigkeit und Trübsinn gleichgesetzt werden. Licht, Sommer, Sonne, eben all das, was das Leben scheinbar so lebenswert macht, was wir mit Freude und Lust verknüpfen – das ist weit, weit weg. Das kann einen schon zur Verzweiflung bringen.

Wir Menschen sind Lichtwesen, denn unsere Seele strebt ins Licht. Ist das zeitweise mal nicht so – und solche Phasen gibt es in fast jedem Leben –, dann leidet die Seele. Sie hungert nach Nahrung, nach ihrer Nahrung, nach Licht eben. Bekommt sie auf Dauer zu wenig davon, kann sie krank werden. Sie versinkt in Düsternis, in Trübsal, in Depressionen.

Dasselbe geschieht allerdings, wenn die irdische Dunkelheit fehlt. Als Teil der Erde braucht unser Körper auch die Dunkelheit. Im Dunkel der Erde werden Pflanzenreste zu Humus, werden Steine zu Edelsteinen, wird trübes Wasser wieder rein. Für den Körper und unsere Gesundheit sind Licht und Dunkelheit nützlich, etwa für die Produktion wichtiger Hormone. Man sollte also auch die Dunkelheit nicht gering schätzen.

Manche wollen ihr ein Schnippchen schlagen und lassen auch beim Schlafen ein kleines Licht an. Völlig übersehen sie dabei den Wert, den die Dunkelheit für uns Menschen hat. Tatsächlich brauchen wir nicht nur das Licht, sondern auch die Dunkelheit. Auch sie trägt ihren Teil dazu bei, uns Gesundheit und Fröhlichkeit zu erhalten. Sie gibt uns Zeit für Entwicklungen. Sie regeneriert und hält jung. Sie macht sogar schön. Nicht nur das Licht ist lebensnotwendig, auch die Dunkelheit hat einen immensen Wert für uns, insbesondere für unseren Körper. Manche Hormone nämlich lieben die Dunkelheit, das heißt, unsere Körperdrüsen können sie nur produzieren, wenn es dunkel ist.

Eine der wichtigsten Drüsen ist die Epiphyse, die Zirbeldrüse. Sie hat ihren Sitz in unserem Gehirn, mittig unterhalb der Schädeldecke, und gilt als Steuerungsdrüse für die wichtigsten Körperfunktionen, für das zentrale Nervensystem und für die Produktion von Hormonen.

Diese Zirbeldrüse ist außerdem eng mit dem siebten Chakra, dem Kronenchakra, verbunden. Es sitzt oben auf dem Scheitel und strahlt nach oben hin ab. Über dieses Chakra können wir eine Verbindung zum Himmel aufbauen. Ist es blockiert, fehlt die Anbindung an die göttliche Welt. Angst, Panik und Gefühle von Verlorenheit und Verlassenheit sind die Folge. Das Leben wird als schwer und auch als sinnlos erfahren. Man kämpft mit Überlastung, Müdigkeit und Mattigkeit. Geht es diesem Chakra aber gut, fühlen wir uns gesund, glücklich und voller Vertrauen, Dankbarkeit und Freude. Wir sind gut mit den Kräften der geistigen Welt verbunden. Sie schenken uns Inspiration und Intuition.

Während des Tages, bei Licht also, produziert die Zirbeldrüse das Glückshormon Serotonin. Das lieben alle und suchen es zuweilen sogar ersatzweise in Schokolade.

Während der Nacht, im Dunklen also, stellt die Zirbeldrüse ein weiteres Hormon her, das Melatonin. Dieses ist wichtig, mindestens ebenso wichtig wie Serotonin. Denn es wirkt günstig auf Zellen und Immunsystem. Um gesund zu bleiben, brauchen wir beide Hormone, das Glückshormon Serotonin und das Schlafhormon Melatonin.

Serotonin euphorisiert. Wer ausreichend mit Serotonin versorgt ist, fühlt sich in gehobener Stimmung, ist freudig erregt und hat kaum Hunger. Er ist rundum und wie grundlos glücklich. Ein Mangel an Serotonin dagegen bewirkt Ängste und depressive Verstimmungen.

Melatonin hilft, dass wir zur Ruhe kommen können. Dieses Hormon steuert den Schlaf-Wach-Rhythmus und ist für einen gesunden Schlaf zuständig. Melatonin kann aber noch mehr. Es regt das Immunsystem an, fördert die gesunde Zellteilung und regeneriert die Zellen. Auch wirkt es gegen die aggressiven Sauerstoffverbindungen, die freien Radikale. Somit ist Melatonin für Jugendlichkeit und Spannkraft verantwortlich. Fehlt die Dunkelheit, produziert der Körper zu wenig Melatonin. Schlafstörungen sind die Folge, das Lernen fällt schwer, die Gedächtnisleistungen werden zunehmend schwächer. Der Alterungsprozess geht rasant vonstatten.

In der Tiefschlafphase, die durch die Melatoninproduktion ausgelöst wird, entsteht außerdem das Hormon Somatropin. Bekommt der Körper zu wenig davon, neigt er zum Fetteinlagern. Die Muskeln schwinden, die Knochendichte sinkt, die Organe sind gefährdet, das Herzinfarktrisiko steigt.

Entspannt und ausgeschlafen können wir folglich nur sein, wenn es beim Schlafen dunkel ist, denn die Zirbeldrüse kann Melatonin nur bei Dunkelheit produzieren. Wenn es beim Schlafen zu hell ist, kann diese Drüse nicht arbeiten. Wer beim Schlafen ein Licht brennen lässt, tut sich somit keinen Gefallen.

Das gilt auch für Kinder. Wenn sie nachts aufwachen, erscheinen ihnen die schattenhaften Umrisse des Zimmers oft etwas unheimlich. Mag sein, dass in den Träumen die Bilder des Tages in ungeordneter Folge wieder auftauchen. Vielleicht spielen auch Erinnerungen an ein Vorleben oder Ahnungen über die Zukunft eine Rolle. Die Schleier zu anderen Welten sind bei Kindern oft noch sehr dünn. Sie nehmen mehr wahr als viele Erwachsene und saugen ungefiltert Eindrücke in sich auf. Doch woher auch immer die nächtlichen Gespenster kommen – sie sind nun mal da. Bei Licht besehen ist alles gleich besser. Das stellen auch die Eltern schnell fest, und so ist es in vielen Familien zur Gewohnheit geworden, im Kinderzimmer ein kleines Nachtlicht brennen zu lassen. Damit wollen sie ihre Kinder vor den Gespenstern der Nacht schützen. Auf Dauer aber schaden sie ihnen. Wer weiß, vielleicht nehmen die Allergien deshalb so rasant zu, weil das Immunsystem sich durch die übermäßige Helligkeit schon in der Kindheit nicht richtig aufbauen kann?

Bieten Sie Ihrem Kind statt dem Nachtlicht einen energetischen Schutz an. Es ist noch eng mit der geistigen Welt verbunden und wird intuitiv verstehen, was Sie meinen. Dieselbe Schutzmethode können Sie auch für sich nutzen, wenn Ihnen das Schlafen im Dunkeln nicht geheuer ist. Denn auch das innere Kind von Erwachsenen kann von nächtlichen Ängsten geplagt werden. Vielleicht sehnt es sich auch nach spiritueller Erleuchtung und fürchtet dunkle Abgründe der Seele. Was auch immer dahintersteckt – es ist sinnvoller, die Angst vor der Dunkelheit zu meistern. Denn wir brauchen das Licht und die

Dunkelheit. Beide sind wesentlich für unsere Gesundheit und unser Wohlbefinden. Sich für dunkle Zeiten, insbesondere die Schlafenszeit, einen energetischen Schutz aufzubauen, ist eine einfache und schöne Übung. Die Seele fühlt sich entspannt und behütet.

Wunderbar leicht und schön ist die Vorstellung eines Engels. Sich von einem Schutzengel im Schlaf begleiten zu lassen, hat schon Generationen von Menschen durch die Nacht geholfen. Doch auch andere Schutzgestalten wirken wahre Wunder. Versuchen Sie es mal mit einem Krafttier. Fragen Sie Ihr (inneres) Kind, welches Tier es vor den Schreckgespenstern bewachen könnte. Die meisten (inneren) Kinder sprudeln spontan los und wissen sehr genau, welche Energieform und damit welches Tier sie brauchen. Das kann ein Löwe sein, ein Delphin, ein Adler, ein Bär oder vielleicht ein Drache. Überlassen Sie es dem guten Gespür Ihres (inneren) Kindes! Es ist eine gute Idee, genau dieses Tier dann auch als Stofftier ans Bett zu stellen. Hilfreich ist außerdem ein Kuschelkissen, das Sie mit einem besonderen Schutzsymbol ausstatten. Auch ein Segensritual beim Einschlafen ist eine gute Sache, um den Übergang in die Traumwelt als beschützt zu erleben. Das Ziel ist, dass sich Ihr (inneres) Kind immer gut aufgehoben fühlt – egal, ob es hell oder dunkel ist.

Fällt es Ihnen auf, dass die meisten Menschen automatisch die Augen schließen, wenn sie meditieren und sich damit auf die geistige Welt einstellen? Das heißt, sie ziehen sich zurück und begeben sich in freiwillige Dunkelheit. Hier finden sie den Kontakt zum Himmel und zum eigenen Wesenskern. Machen Sie sich bewusst: Ein Mensch ist im dunklen Mutterleib, bevor er ans Licht geboren wird. Ein Same keimt in der Dunkelheit der Erde, bevor er seine Pflanze ans Licht schickt. In der Dunkelheit konzentrieren sich die Kräfte und finden zu neuem Leben. Das Ziel ist, ans Licht zu gelangen. Der Weg dorthin aber führt durch die Dunkelheit.

Was wir aus dem Wechsel von Dunkelheit und Licht, von dunklen und hellen Zeiten lernen können, ist, das eine wie das andere zu schätzen. Das Leben auf der Erde bietet uns beides an. Es funktioniert nicht, das eine auszublenden, in der Hoffnung, es wäre dann nicht da. Es ist auch bei uns selbst notwendig, zumindest gelegentlich einen Blick auf die Schattenseiten zu werfen. Sie sind Teil von uns, Teil unserer Persönlichkeit, Teil unseres Lebens. Wir alle haben unsere dunklen Seiten, jeder auf seine Weise. Wir können sie ablehnen wie die dunkle Jahreszeit. Wir können sie aber auch annehmen und ihren Wert erkennen. Das wäre auf jeden Fall ein Gewinn.

Gehen Sie am nächsten Abend und noch mehr im nächsten Herbst mit Freude, Dankbarkeit und Bewusstheit in die Dunkelheit. Sie lädt ein zu Einkehr, Innenschau und Meditation. Erkennen Sie die Dunkelheit als Urkraft an, die für unser Leben notwendig und heilsam ist. Ganz nebenbei können Sie Ihre Körperkräfte aufbauen und können Ihre Zellen regenerieren.

Dennoch, ein Zuviel an Dunkelheit kann die Seele trüben. Sie liebt und braucht schließlich das Licht. Sollten Sie also doch einmal eine Überdosis an Dunkelheit eingefangen haben und in einer düsteren Welt versunken sein, dann brauchen Sie Hilfe, um Ihre Seele daraus wieder zu befreien. Suchen Sie sich unbedingt ärztliche und psychologische Unterstützung!

Machen Sie sich außerdem bewusst, dass auch eine solche Phase immer nur eine Zeit des Übergangs signalisiert. Es ist kein Dauerzustand. Denken Sie an den November. Hier häufen sich die nebligen und düsteren Tage. Auch die Stimmung ist oft gedrückt und irgendwie grau. Die herrlichen Sommertage sind zu Ende, der Herbst leuchtet nicht mehr. Das strahlende Weiß des Winters aber ist noch nicht da. Jeder einzelne Tag erscheint noch ein bisschen dunkler und düsterer. Die Erde riecht modrig und wirkt ungemütlich. Es ist eine schwierige Zeit. Währenddessen aber vollzieht sich eine tief greifende Entwicklung im Boden. Die Blätter und Früchte des Sommers zerfallen und gären im Erdreich. Hier werden sie zu Humus. So wird im Untergrund der Boden für die neue Saat und für neues Leben bereitet. Es ist die Zeit für Wandlung und Transformation. Das Ziel, das neue Leben, ist jedoch noch nicht sichtbar.

Sehen Sie Ihre eigene Dunkelzone als vergleichbare Phase an, die eines Tages einfach angefangen hat und eines Tages auch wieder enden wird.

Schauen Sie sich dazu auch in Ihrer Wohnung um. Welche Farben umgeben Sie? Haben Sie sich für dunkle Möbel, Böden, Stoffe und Wandfarben entschieden? Machen Sie selten das Licht an? Ändern Sie es. Streichen Sie zumindest eine Wand in einer freundlichen Farbe oder legen Sie eine bunt gemusterte Decke auf. Wechseln Sie aber nicht zu krass von Schwarz auf Weiß, von Dunkelbraun auf Hellgelb. Der Kontrast wäre zu heftig und zu viel für Ihr an Düsternis gewohntes System. Gehen Sie in langsamen Schritten von dunklen Farben über Mittelblau und Grün zu Pfirsichtönen und dann erst zu den wirklich hellen Farben. Machen Sie außerdem zusätzliche Lichter an, oder zünden Sie Kerzen an. Verblüffende Veränderungen können allein dadurch schon ausgelöst werden.

Vielleicht haben Sie damals, als Sie sich so eingerichtet haben, die dunklen Farben gebraucht, um sich zu erden. Vielleicht haben Sie sich für eine kleine Lampe entschieden, um Energie zu sparen. Es nützt aber niemanden, wenn Sie dadurch keine Energie mehr haben – keine Lebensenergie. Nehmen Sie sich die Freiheit, diesen Zustand jetzt zu ändern, wenn sie feststellen, dass er Ihnen nicht mehr guttut. Damit erlauben Sie sich auch, die Phase der psychischen Düsternis zu beenden.

Auch Tageslicht kann wahre Wunder wirken. Planen Sie daher in trüben persönlichen Phasen zumindest einen kleinen Spaziergang während des Tages ein. Es ist außerdem hilfreich, in dieser suchenden und irrenden Zeit häufig Lichtübungen für die Aura zu machen. Diese zusätzliche Dosis an Licht kann bei der Auflösung des Nebels gut helfen. Wenn schon nicht der gesamte neue Weg erkennbar wird, so zumindest der nächste Abschnitt.

Licht

Für die Seele, unser Lichtwesen, ist die Erfahrung mit der Schwere und Dichte eines Körpers nicht immer einfach. Denn so sehr wir Menschen für unsere Gesundheit Licht und Dunkelheit brauchen, so eindeutig ist es für die Seele: Sie liebt das Licht. Denn sie kommt aus dem Licht. Umso wichtiger ist es, ihr zu geben, wonach sie sich sehnt.

Das Leben auf unserer Erde ist aktuell noch der Dualität unterworfen. Es gibt Dunkelheit und Licht, Yin und Yang. Zwischen diesen beiden Extremen bewegen wir uns. Als Menschen haben wir die Absicht und auch die Aufgabe, beide Pole kennenzulernen. Hieraus schöpfen wir unsere Erfahrungen, hieraus lernen wir. Für das Leben auf der Erde ist die Balance zwischen den Extremen wichtig.

Für die Seele aber gibt es nur eine Richtung – die ins Licht. Eine Fülle an Licht ist uns nach dem Leben versprochen. Das Ziel sollte aber sein, schon jetzt auf der Erde so viel Licht wie nur möglich in sich zu tragen und auszustrahlen. Denn Licht ist Liebe. Und das ist das Ziel.

Der Weg ins Licht ist immer etwas Besonderes. Das fängt noch vor der Geburt an und hört nach dem Tod nicht auf. Im Mutterleib ist es nicht ganz dunkel, die Bauchdecke der Mutter lässt etwas Licht durchscheinen. Gleißend und hell erscheint es jedoch dem Baby, wenn es zum ersten Mal die Augen öffnet. Noch heller soll das Licht sein, das uns im Jenseits erwartet. Menschen, die bei Nahtoderfahrungen schon hinübergeschaut haben, berichten von einem so strahlenden Licht, dass ihnen das Leben hier auf der Erde wie ein Dämmerzustand vorkam.

Das Licht ist die Nahrung unserer Seele, ohne die wir verkümmern würden, ohne die alles Leben verkümmern würde. Hierhin, zum Licht, zieht es die Seele. Auf diesem Weg sollte sich auch keine Seele aufhalten lassen.

Das Licht ist das Geschenk des Himmels an die Erde. Sind die Zellen ihrer Pflanzen, Tiere und Menschen mit Licht durchwirkt, dann ist Leben in ihnen. Als Menschen haben wir ein Bewusstsein und können mit unserer Absicht dazu beitragen, das Licht über die Erde zu verbreiten. Wir können für lichtvolle Gedanken und Gefühle sorgen, wir können auch einfach nur mal eine Kerze anzünden, um das Licht sichtbar zu machen.

Kleine Lichtrituale erhellen die Seele und das Leben. Machen Sie es sich insbesondere in persönlichen dunklen Phasen zur Gewohnheit, eine Kerze anzuzünden, wenn Sie nach Hause kommen. Wenn Sie mögen, können Sie auch eine ganze Reihe Kerzen anzünden. Wichtig ist, dass Sie wahrnehmen, wie viel Wärme für die Seele davon ausgeht und wie angenehm sich die Atmosphäre im Raum ändert durch das Kerzenlicht. Lassen Sie gern ein kleines Ritual daraus werden.

Verbinden Sie Ihre Gedanken und Ihre Gefühle bewusst mit dem Licht, wenn Sie Ihre Kerze anzünden. Stellen Sie sich vor, dass das Licht Ihre innere Welt durchflutet, dass die düsteren Gefühle und ärgerlichen Gedanken beleuchtet werden, sodass Sie schließlich die wahren Gründe Ihrer Traurigkeit oder Ihres Grolls sehen können. Dann brauchen die Gedanken und Gefühle auch nicht länger dunkel zu sein. Sie können sich mit ihnen versöhnen – und vielleicht auch mit den Menschen, die damit zu tun haben. Denn das Licht ist wieder in Ihnen, und Sie können wieder lachen.

Denken Sie auch daran: Die Worte »Leichtigkeit«, »Licht« und »Lachen« sind sprachlich verwandt – auch dies ist kein Zufall. Verbreiten Sie dieses Licht, diese Leichtigkeit und dieses Lachen. Lächeln Sie sich selbst an. Schenken Sie Ihrem Körper ein Lächeln – Ihren Organen, Ihren Augen, Ihren Händen, Ihren Füßen, Ihrem Rücken ...

Schenken Sie anderen Menschen ein Lächeln. Und verschenken Sie gern auch mal Licht, etwa in Form einer Kerze, verbunden mit der Bitte, sie täglich anzuzünden.

Lassen Sie uns nochmals zurückkehren zum Symbol von Yin und Yang, bei dem jeder Teil für sich bleibt und doch die Ergänzung des anderen bildet. Überwiegt eines der beiden Prinzipien, entsteht unwillkürlich die Sehnsucht nach dem anderen. Ist es zu dunkel, sehnt man sich nach Licht. In gleißender Helligkeit würde ein wenig Schatten guttun. Umgeben von Steinen wünscht man sich etwas Weiches. Inmitten von lauter Kissen sucht man nach einer festen Struktur. Wer zu viel gibt, ist irgendwann leer und wird zwangsläufig zum aufnehmenden Gefäß. Wer ausschließlich nimmt, fließt eines Tages über und wird dadurch automatisch zum Gebenden. Wenn wir lange genug warten, sorgt das Leben selbst für den notwendigen Ausgleich. Doch dann kann bereits eine Krise eingetreten sein. Der Ausschlag in die andere Richtung erfolgt vielleicht zu heftig und ist nicht mehr händelbar. Mit mehr Achtsamkeit lassen sich schon weit vorher Einseitigkeiten feststellen. So kann man rechtzeitig für Harmonie sorgen.

Das gilt für unser körperliches, seelisches und geistiges Wohlbefinden genauso wie eben für unser Zuhause. Denn wo sonst, wenn nicht in unserem Heim, finden wir Ruhe und Kraft? Natürlich ist es eine gute Idee, in die Natur hinauszugehen und einen Baum zu umarmen, um inneren Ausgleich zu finden. Zu Hause aber verbringen wir immer noch den größten Teil unserer Zeit. Hier schlafen, essen, reden und faulenzen wir oder gehen unseren Hobbys nach. Unser Zuhause dient dem Aufbau und Schutz der eigenen Persönlichkeit. Von der Umgebung im Job können wir das nicht fordern. Auf die Gestaltung des Arbeitsplatzes haben die meisten einfach zu wenig Einfluss. Von der Kneipe, dem Kino oder den Einkaufsmärkten können wir das auch nicht verlangen. Aber unser Zuhause dürfen und sollen wir so gestalten, dass es uns stärkt und schützt und fördert. Diese Chance müssen wir nutzen.

Unser Zuhause beschützt uns, es gibt uns ein Dach über den Kopf, hält uns warm und trocken. Wir können hier zur Ruhe kommen, Frieden finden, Stress abbauen und Kraft tanken.

Die Gegensätze in Ihrem Zuhause können Sie leicht aufspüren. Schauen Sie Ihre Einrichtung aufmerksam an. Achten Sie besonders auf Einseitigkeiten. Was fällt Ihnen auf? Ist ein Raum zu dunkel, zu hell, in der Farbwahl beschränkt? Gibt es hier ausschließlich Metall oder überwiegt das Holz? Sind die Möbel eher wuchtig und schwer, dafür aber auch unbeweglich? Oder sind sie federleicht, strahlen aber wenig Stabilität und Vertrauen aus? Sind Sie ein Farbenfreund, lieben

Sie Designermöbel in Schwarz und Weiß, oder haben Sie sich dezent in Braun und Beige eingerichtet? Bevorzugen Sie den reduzierten Stil, rustikale Holzmöbel oder bunte Plastikware? Was sammeln Sie: Bücher, Blechspielzeug, Steine oder Musikinstrumente?

Grundsätzlich gilt: Spitze Gegenstände regen an, zu viele regen auf. Runde oder abgerundete Gegenstände gleichen aus, glätten und harmonisieren. Eine ganze Menge davon kann schläfrig machen. Bunte Gegenstände verbreiten Fröhlichkeit, doch im Übermaß machen sie aufgedreht und hektisch. Dunkle Flächen fördern die Konzentration. Überwiegen sie, können sie die Stimmung nach unten drücken. Helle Flächen bringen Licht in den Raum. Einer ausschließlich hellen Einrichtung fehlt jedoch die Geborgenheit. Schwere Objekte geben Festigkeit und Stabilität, aber sie können auch erstarren lassen. Leichte Objekte lockern auf und vermitteln Leichtigkeit und Lustigkeit. Bewegliche Objekte bringen eine festgefahrene Situation in Schwung. Zu viele leichte und bewegliche Möbel lassen jedoch den Halt vermissen, sie verbreiten Unsicherheit.

Achten Sie darauf, wie Ihre Umgebung wirkt. Stellen Sie sachlich fest, wo es einen Überhang gibt und wo ein Defizit. Versuchen Sie das ohne Wertung. Das eine ist nicht schlechter oder besser als das andere, es ist nur eben zu viel oder zu wenig vorhanden. Wenn Sie ein Ungleichgewicht wahrnehmen und es auch auf Ihr Leben wirkt, sorgen Sie für Ausgleich. Setzen Sie ein Zeichen, dass Sie die damit verbundene Problematik ab jetzt verändern wollen.

Für mehr Halt im Leben

Leichtigkeit ist etwas Feines, kann aber auch zu starken Schwankungen in Bezug auf den Selbstwert und die Meinungsfindung führen. Im Umfeld zeigt sich dies oft als ein Raum, der sehr hell und mit leichten, fast zerbrechlich wirkenden Möbeln ausgestattet ist. Bringen Sie hier sichtbar mehr Festigkeit hinein. Mit einer schweren Holztruhe oder einem dunklen Bodenbelag wäre das einfach machbar. Das aber würde eine Abkehr von Ihrem auf Leichtigkeit und Luftigkeit ausgelegten Einrichtungsstil bedeuten. Wenn Sie davon nicht abrücken möchten, sich dennoch nach mehr Halt sehnen, gruppieren Sie zwei, drei wirklich große Steine auf dem Boden. Die Atmosphäre bleibt hell und luftig, und doch bietet der Raum mehr Halt, denn die großen Steine bringen die Essenz von Stabilität in Ihr Unterbewusstsein.

Für mehr Leichtigkeit im Leben

Bei Menschen, die ihre Festigkeit als Unbeweglichkeit empfinden, ist oft ein Übermaß an Erbstücken und an schweren dunklen Möbeln zu finden. Wenn Sie diese behalten wollen, sich aber dennoch mehr Beweglichkeit wünschen, hängen Sie neben solch einen Schrank eine Kinderzeichnung auf, stellen Sie Blechspielzeug in ein Regalfach oder lassen Sie ein Mobile schwingen. Alles eignet sich, was ein bewegliches, leichtes und spielerisches Moment vermittelt. Wenn Ihnen dies alles zu verspielt ist und Sie im Grunde Ihren klassischen Stil lieben, der Stabilität und Festigkeit ausstrahlt, dann entscheiden Sie sich für ein einziges Objekt – eine silberne Kugel. Lagern Sie sie so, dass sie sich tatsächlich bewegen kann. Bei jedem Rollen werden Sie daran erinnert, dass nicht alles festgefügt ist und dass auch Leichtigkeit und Beweglichkeit reizvoll sein können.

Für mehr Freude im Leben

Pflichten zu erfüllen, Ordnung zu halten und zuverlässig zu sein – dies alles ist wertvoll und wichtig. Wenn daneben aber keine Zeit mehr bleibt, um Freunde zu treffen, zu lachen und zu feiern, fühlt sich das Leben trist an. Äußerlich kann sich dieser innere Zustand als dunkle, enge Umgebung zeigen. Meist fehlt es auch an Licht. Zusätzliche Fenster oder Glasflächen einzubauen, ist nicht in jedem Haus möglich und der ansonsten gewünschten Raumwirkung auch nicht unbedingt zuträglich, denn Ihre »Höhle« mag Ihnen ansonsten durchaus als willkommener Schutz dienen. Was Sie aber immer machen können, ist, den dunklen Raum mit künstlichem Licht besser auszuleuchten. Installieren Sie zusätzliche Lichtquellen. Diese können Sie, wenn Sie Bedarf nach Licht und Freude haben, anschalten. Fragen Sie nach Tageslichtweiß, nach farbigem Licht und nach veränderlichem Licht. Mischen Sie die Lichter. Legen Sie dazu Edelsteine und Kristalle auf, und lassen Sie sie im Licht glitzern. Sie werden freudig überrascht sein!

Für mehr Geborgenheit im Leben

So schick große Glasflächen, helle Marmorböden, weiße Wände und Stahlmöbel auch sind – die Gemütlichkeit bleibt dabei oft auf der Strecke. Das kann sich im Leben langfristig als fehlende Geborgenheit auswirken. Wenn Ihnen der klare, moderne Stil im Grunde gefällt, Sie aber die Geborgenheit vermissen, schaffen Sie sich zumindest eine geschützte Nische. Auch große Fensterfronten lassen sich abschirmen, sei es durch Pflanzen, sei es durch einen künstlerisch verzierten Paravent oder einen schlichten Vorhang. Trauen Sie sich auch in einer überwiegend kühl gestalteten Umgebung Kissen und Decken aufzulegen, und richten Sie sich eine hinreißende Kuschelzone ein. Wenn Sie bei Ihrem zurückhaltenden, kühlen Einrichtungsstil bleiben wollen, nehmen Sie Textilien in Weiß, Silbergrau und Anthrazit, achten dabei aber auf ein weiches, flauschiges Material.

Sie sehen schon, Sie brauchen für all diese Veränderungen nicht Ihre gestalterischen Vorlieben und Ihren persönlichen Stil aufzugeben. Sie müssen nur das ausgleichen, was an Störfeldern dabei entstanden ist. Weiterhin können Sie Ihre leichten oder schweren Möbel bevorzugen, können es sich in Ihrer Höhle gemütlich machen oder Ihre lichten Farben genießen. Indem Sie sich durch markante Gegenstände an das Gegenteil dessen, was Sie bevorzugen, nur erinnern lassen, haben Sie den Ausgleich quasi in Ihr Zuhause eingeladen. Dieses Gefühl werden Sie schätzen. Es lässt Sie aufatmen. Denn mit zunehmender Harmonie wird alles einfacher – eben weil es fließt.

Farben

Kinder lieben es bunt. Lässt man sie Möbel, Deko und Wandfarben alleine aussuchen, kommt schon mal ein herrliches Durcheinander an Farbtönen dabei heraus. Warum eigentlich nicht? Es ist ihre Entwicklung, es ist ihre Persönlichkeit. Wir alle sind doch farbenprächtige Wesen, denken wir nur an die Farben unserer Chakren. Sie leuchten, sofern die Chakren gesund funktionieren, in allen Regenbogenfarben.

Die Auswahl der richtigen Farben beschäftigt die Menschen – für ihre Kleidung wie für ihr Zuhause. Farben haben tatsächlich einen enormen Einfluss auf unser Leben und Wohlbefinden. Unsere Vorlieben und Bedürfnisse ändern sich auch in Bezug auf Farben je nach der Lebensphase, die wir gerade durchlaufen. Lassen Sie zu, dass sie sich ändern. Begeistern Sie sich mal für verwaschene Töne, dann wieder für schrille Neonkompositionen. Freuen Sie sich an Dunkelbraun und Schwarz, wählen Sie ein elegantes Grau, oder verfallen Sie in einen bunten Farbenrausch. Sie müssen weder Ihren Kleidungsstil noch einen einmal gewählten Einrichtungsstil über Jahrzehnte beibehalten. Um nicht in jeder Entwicklungsphase eine teure Komplettrenovierung vorzunehmen, mit passenden Möbeln, Boden und Wandgestaltung, verändern Sie einfach nur die Farbe einer Wand oder streichen einen Deko-Artikel neu an und lassen den Rest neutral.

Achten Sie aber gerade bei den Farben darauf, Ihre inneren Bedürfnisse zu erfüllen. Wählen Sie also nicht ein kühles Grau (obwohl Sie es chic finden), wenn Ihre Seele nach einem leuchtenden Türkis dürstet. Nehmen Sie nicht ein kräftiges Dunkelrot, weil es die aktuelle Trendfarbe ist, während sich Ihr Inneres nach einem zartem Lindgrün sehnt. Gehen Sie danach, was Ihnen persönlich guttut.

Farben können die Persönlichkeit stärken, sie können aber auch hinderlich wirken. Daher ist es doch gut zu wissen, welche Farben zu uns passen und wie sie wirken. Hilfreich ist hierfür ein astrologisches Grundwissen. Die Zuordnung der Farben zu den Tierkreiszeichen ist uralt und hat ihre Bedeutung über alle Modeströmungen und Zeitveränderungen hinweg behalten.

Die meisten Menschen wissen, in welchem Tierkreiszeichen sie geboren sind oder können es leicht herausfinden. Aus dieser Veranlagung lässt sich sehr gut eine Tendenz zu einer bestimmten Farbe ablesen. Diese ist wie eine Grundfarbe, die das eigene Wesen stärkt. Ob man also im Zeichen Widder geboren ist, im Löwen oder im Steinbock, sagt aus, welche Farbe die Seele am meisten unterstützt und in welcher Umgebung sie sich wohlfühlt. Eine unpassende Farbe löst Stress und Unbehagen aus, mit einer förderlichen Farbe hingegen wächst das Selbstvertrauen. Und Sie wissen ja: Selbstvertrauen ist wesentlich, um Probleme zu meistern. Mit diesen Ur-Farben tun Sie nicht nur Ihrer Seele etwas Gutes, sondern können sich auch einen guten Zugang zu einem nie versiegenden Kraftpool öffnen, woraus Sie jederzeit neue Energie schöpfen können.

ROT stärkt die Tatkraft, den Mut und den Abenteurergeist. Es macht wach, unternehmungslustig und regt die Ich-Kräfte an.

 Rot wird dem Tierkreiszeichen **Widder** zugeordnet. Am stärksten auf ihn wirkt ein klares, leuchtendes Feuerrot. Auch Orange, Pink und Rotviolett sowie sanftere Rottöne sind möglich. Im Rot ist die Urkraft des Lebens enthalten. Es entspricht dem mutigen Wesen und den Macherqualitäten des Widders.

Himmelblau und Pastellgrün sind eine interessante Herausforderung für den Widder. Eher störend wirken Weiß und Schwarz.

Stein, Stahl und Holz sind ideale Materialien für Möbel, Boden und Wände in einer Widder-Wohnung.

GRÜN fördert die innere Harmonie, das Naturempfinden und die Freude am Leben. Es weckt künstlerische Begabungen und lässt mit allen Sinnen wahrnehmen.

 Grün ist die beste Farbe für den **Stier,** ein helles, aber sattes Grasgrün. Damit stellt er einen intensiven Bezug zur Natur her, insbesondere zum Grünen und Blühen der Frühlingszeit. Andere Schattierungen von Grün passen ebenso, sie können auch durchsetzt sein mit Hellblau, Rosa, Kupferfarben, Dunkelgelb und Weiß.

Belebend, aber auch herausfordernd für den Stier wirkt Dunkelrot. Eher blockiert fühlt er sich von knalligem Orange und Neonfarben.

Als Materialien für eine Stier-Wohnung eignen sich Ziegel, Lehm und Holz.

GELB fördert die geistigen Interessen und wirkt sich günstig auf die Kommunikation aus. Es macht aufgeschlossen, heiter und neugierig aufs Leben.

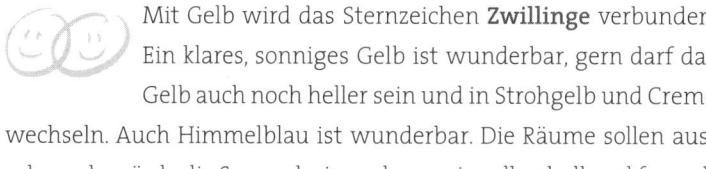 Mit Gelb wird das Sternzeichen **Zwillinge** verbunden. Ein klares, sonniges Gelb ist wunderbar, gern darf das Gelb auch noch heller sein und in Strohgelb und Creme wechseln. Auch Himmelblau ist wunderbar. Die Räume sollen aussehen, als würde die Sonne darin wohnen, sie sollen hell und freundlich wirken.

Dunkelblau wirkt auf die Zwillinge positiv herausfordernd. Weniger gut bekommen ihnen ein dunkles Grau sowie Violett.

Günstige Materialien um eine Zwillinge-Wohnung zu gestalten, sind Stoffe aller Art, dazu Glas und Pappe. Auch Kunststoffe eignen sich.

WEISS und SILBER fördern die mütterlichen Instinkte. Sie machen aufnahmebereit und weich, außerdem fürsorglich und liebevoll.

 Der **Krebs** hat Weiß und Silber als bevorzugte Farben. Ein warmes Cremeweiß ist ideal, auch ein helles Blaugrün verträgt er gut. Die Töne sollen allerdings nicht kühl, sondern flauschig und warm wirken, um die Weichheit seines Wesens darzustellen.

Immer spannend, aber durchaus anregend wirken erdige Töne sowie Schwarz auf den Krebs. Weniger gut erträgt er Rosa und knalliges Rot.

Statt auf Hochglanz polierte Flächen eignen sich besser seidenmatte und leicht angeraute Oberflächen, ebenso alles Weiche und Gepolsterte. Keramik ist ebenfalls günstig im Wohnumfeld eines Krebses.

ORANGE und GOLD stärken das Selbstbewusstsein und bringen viel Glanz mit sich. Sie lassen großzügig denken und fühlen und laden Reichtum und Fülle ein.

 Orange und Gold sind die idealen Farben für den **Löwen.** Als Meister der großen Auftritte liebt es der Löwe, aufzufallen und zu glänzen, das geht mit diesen Farbtönen am besten. Ein freundliches Orange in allen Schattierungen und auch blank poliertes Messing regen seine Persönlichkeit herrlich an.

Als Akzent kann der Löwe Neonfarben und Türkis einsetzen. Eher als störend empfindet er Grün und Rotviolett.

Gold und Messing sind auch als Materialien günstig in einer Löwe-Wohnung.

BRAUN und **GRAU** machen bescheiden, gesundheitsbewusst und sehr naturverbunden. Sie fördern die Ordnung und wirken günstig auf Verstand und Vernunft.

 Die **Jungfrau** findet sich in Naturtönen wie einem hellen Braun oder einem sanften Grau wieder. Erdtöne passen wunderbar zur Einfachheit und Freundlichkeit ihres Charakters. Ihre Farbgestaltung ist zurückhaltend und unaufdringlich.

Als positive Herausforderung für ihren Sinn für Klarheit empfindet die Jungfrau verwaschene Töne, die nicht eindeutig einzuordnen sind, insbesondere ein helles Lila. Anstrengend wird es mit Blau und Gelb, vor allem wenn sie zu dominierend und kräftig ausfallen.

Ziegel, Holz und Wolle sind geeignete Materialien, um die Umgebung der Jungfrau zu gestalten.

ROSA und **HELLBLAU** fördern Sanftmut, Harmonie und Freundlichkeit. Sie machen charmant und friedliebend. Auch wecken sie künstlerische Interessen.

Die **Waage** wird mit Pastellfarben, insbesondere mit Rosa und Hellblau verbunden. Auch Mintgrün und Hellgelb passen gut, doch sind Rosa und Hellblau die erste Wahl. Vor allem sanft soll die Wirkung für ihr auf Ausgleich bedachtes Wesen sein.

Herausfordernd, aber aktivierend auf die Waage wirkt ein leuchtendes Rot. Als zu krass empfindet sie den Kontrast von reinem Weiß und reinem Schwarz.

Edle Materialien passen am besten in eine Waage-Wohnung. Dazu zählen lackiertes Edelholz, Metalle, Glas und feine Stoffe.

DUNKELROT und **MAGENTA** lassen in den Tiefen schürfen. Sie machen sehr leidenschaftlich. Auch öffnen sie für Wandlung und Transformation.

 Der **Skorpion** hat ein Faible für Dunkelrot und Magenta. Hier findet er sich sehr gut zurecht und kann schon rein aus der Farbe viel Kraft schöpfen. Vor allem die geheimnisvolle Wirkung dieser Töne schätzt er. Auch mit Schwarz-Weiß kann er sich anfreunden.

Eine Herausforderung für den Skorpion ist helles Grasgrün. Eher müde machen ihn ein kräftiges Orange und ein grelles Türkis.

Die Materialien in einer Skorpion-Wohnung leben ebenfalls von der Spannung – lackierte und raue Oberflächen finden sich nebeneinander. Leder, Stein und Eisen passen gut.

BLAU schenkt Weite und Größe. Es macht tolerant, weltoffen und loyal. Auch verbreitet es Vertrauen, Zuversicht, Ruhe und Glück.

 Blau ist die Ur-Farbe des **Schützen,** ein leuchtendes Königsblau. Diese Farbe gibt ihm das Gefühl von Wert und Größe. Im Blau findet er Ruhe und Kraft. Das darf durch-

aus auch mal heller sein und von Purpur ergänzt werden. Der Favorit bleibt jedoch das klare Königsblau.

Als interessant, aber herausfordernd wirkt auf den Schützen leuchtendes Gelb. Zu diffus und auch langweilig sind ihm verwaschene Töne sowie Braun und Grau.

Edle Holzoberflächen, Glas und silberglänzende Materialien sind gut geeignet, um eine Schütze-Wohnung auszugestalten.

SCHWARZ und **DUNKELBRAUN** fördern die persönliche Stärke und innere Klarheit. Sie stärken das Gefühl für Unterscheidungen. Auch geben sie Sicherheit und Halt.

 Schwarz und Dunkelbraun gehören zum **Steinbock.** Ihn stärkt alles Erdige, Schwere und Festigende. Die dunklen Töne geben ihm Kraft, hierin fühlt er sich stark und würdig. Er liebt insbesondere die Klarheit von Schwarz.

Als herausfordernd empfindet der Steinbock Weiß, wenngleich er es als Kontrast gern nutzt. Eher unnötig sind für ihn Rot sowie alle Pastellfarben.

Eine klare Struktur bevorzugt der Steinbock auch bei der Wahl seiner Materialien für sein Zuhause. Stein und Holz sind daher richtig.

TÜRKIS macht fröhlich und weltoffen. Es regt die Kreativität an und lässt die Ideen sprudeln. Es lässt um die Ecke denken und Neues erfinden.

 Türkis lässt den **Wassermann** aufleben, genauso Neonfarben und metallische Töne. Gern probiert er neue Farbkombinationen aus, die jedem Harmonieprinzip widersprechen. Sein Favorit jedoch ist Türkis. Hierin fühlt er sich in seinem außergewöhnlichen Wesen bestätigt.

Eine lustige Herausforderung für den Wassermann ist Orange. Kaum verwenden wird er Grün und Dunkelrot.

An Materialien für seine Wohnung bevorzugt der Wassermann Glas, Metall, Stoff und Kunststoff.

LILA und **VIOLETT** machen feinsinnig, träumerisch und fantasievoll. Sie wecken künstlerische Interessen, stärken aber auch das Mitgefühl und Einfühlungsvermögen.

 Zu den **Fischen** passen helles Lila und Violett. Im Grunde kommen sie mit der gesamten Farbpalette gut klar, aber nicht als leuchtende, klare Farben, sondern verwaschen und ineinanderfließend. Hierin lässt es sich träumen und die Fantasie fliegen.

Durchaus möglich sind für die Fische Grau und Brauntöne. Eher hinderlich wirken ein sattes Gelb und ein leuchtendes Blau.

Fische mögen alle leichten Materialien in ihrer Wohnung, wie Papier und Bambus, dazu lieben sie fließende Stoffe.

Diese grundsätzlichen Vorlieben für Farben bleiben ein Leben lang erhalten. Es sind die Farben, die dem Wesen einfach nur guttun und die Entwicklung fördern. Sie alle sind problemlos in Wohnräumen zu verwenden – als Wandfarbe, als Regal, als Bezug für ein Sofa oder als Farbe für den Vorhang. Zwar gibt es aktuelle Einflüsse, die die Lieblingsfarbe zeitweise übertrumpfen, doch lassen sich diese wechselnden Vorlieben meist gut in die eigene Farbenwelt integrieren. Die Wirkung kann sehr interessant und anregend sein.

Generell ist es etwas Wunderbares, immer wieder auf die »eigenen« Farben zurückgreifen zu können – nicht zuletzt, wenn das Leben durcheinandergeraten ist und man wieder zu sich selbst finden möchte. Die Erfahrung, die persönliche Farbe um sich zu haben, schenkt Geborgenheit. Es fühlt sich an wie eine geheime, unversiegbare Quelle der Kraft. Seine Farbe zu kennen bedeutet, man hat immer ein stärkendes Element zur Verfügung.

Zusätzlich lassen sich diese Farben nutzen, wenn Sie die unter einer Farbe genannten Eigenschaften in sich fördern möchten. Wenn Sie also gern abenteuerlustiger wären, nehmen Sie die Widder-Farbe Rot, wenn Sie sich mehr Glanz wünschen, umgeben Sie sich mit der Löwe-Farbe Orange, wenn Sie Ihren Ideenreichtum wecken wollen, greifen Sie zu Türkis. Verwenden Sie diese Farbe, deren Qualität Ihnen fehlt, eine Zeit lang intensiver – und lassen Sie sich auch einmal die Eigenschaften der Farben durch Herz und Kopf gehen, die Sie ablehnen. Vielleicht zeigt sich hier eine neue und spannende Aufgabe für Sie!

TEIL 3
AM RICHTIGEN ORT

ORDNUNG

Ordnung schaffen in sich selbst, in seiner Umgebung und vielleicht sogar ein bisschen in der Welt – damit sollte sich jeder Mensch auf seine Weise beschäftigen. Wer weiß, vielleicht haben wir in unserem Leben auf dieser Erde sogar die Aufgabe, mit all unseren verschiedenen Fähigkeiten und Kräften Ordnung herzustellen? Jeder für sich kann dazu beitragen, indem er innen und außen »aufräumt«.

Nun gibt es immer wieder Phasen, in denen überall Hindernisse auftauchen und in denen wir von allen Seiten geblockt werden. Inmitten eines solchen Energiestaus, eines Problems also, ist es hilfreich, ein Gerüst zu haben, an dem man sich orientieren kann. Dazu eignen sich bewährte Systeme wie die ausgefeilte Wissenschaft des Feng Shui ausgezeichnet. Vergessen sollte man aber nicht, dass es eben ein Gerüst ist und als solches zwar der Orientierung dient, es aber nicht das Maß aller Dinge ist. Diese Weisheit liegt in jedem selbst. Wir müssen letztlich individuelle Lösungen suchen. Denn alle Lehren, so gut ihre Grundlagen auch sind, neigen dazu, über die Jahrhunderte zu verkrusten. Das ist bei unseren Glaubenssystemen nicht anders als im Feng Shui. Auf dem Weg der Entwicklung sind solche Systeme jedoch Gold wert.

Energie

Energie ist das, was uns lebendig macht. Ohne Energie gibt es kein Leben. Wir Menschen beziehen sie in einfachster Form aus dem Atem und dem Essen und Trinken. Ganz groß ist die Menge an Energie, die wir durch Liebe schenken können. Auch können wir unsere feineren Kanäle öffnen und uns Kraft aus der Erde und vom Himmel holen.

Energieströme durchziehen Landschaften, Orte, Häuser und Lebewesen. In der abendländischen Tradition wird diese Energie »Äther«

genannt. Sie ist vergleichbar mit den Begriffen »Chi« und »Prana«, die wir aus der chinesischen und indischen Philosophie kennen. Die Aufgabe dieser Energieströme ist es, die Lebenskraft gleichmäßig in alle Regionen des Körpers zu verteilen. Ihre Bahnen kann man sich wie Adern oder Leitungen vorstellen. Doch wie es nun mal typisch ist für Leitungen aller Art, können diese auch verstopfen und damit ihren Dienst nur noch abgeschwächt ausführen.

Überall auf der Erde lassen sich energiereiche Gegenden finden, aber auch bevorzugte Staugebiete ausmachen – von Lebewesen über Häuser und Städte bis hin zu Ländern. Im körperlichen System kann ein Stau etwa durch zu flaches Atmen oder eine ungesunde Ernährung verursacht werden. Auch negative Gefühle und Gedanken verursachen eine Blockade. Der Auslöser kann ein Schock oder ein anderes aufwühlendes, verletzendes Erlebnis gewesen sein. Um sich gesund und fit zu fühlen, müssen diese Energiebahnen jedoch frei sein. Energetische Reinigungsübungen und Meditationen, aber auch Sport und eine naturgemäße Lebensweise helfen dabei, den Energiefluss im Körper in Schwung zu halten.

Häuser haben ebenfalls ein Eigenleben. Auch in ihnen lassen sich Energieströme und Energiestaus wahrnehmen. Die besondere Atmosphäre, die jedes Zuhause aufweist, lässt sich als »Geist« dieses Hauses beschreiben. Außerdem hat jedes Haus seine starken und schwachen Plätze. Denken Sie nur an Ihren Lieblingsplatz auf dem Sofa, auf den Sie sich nach der Arbeit zurückziehen und wo Sie sich sofort wohl und geborgen fühlen. Derselbe Platz kann sich ungemütlich anfühlen, nachdem sich ein Mensch, mit dem Sie gerade im Clinch liegen, ungefragt auf ihn gesetzt hatte. Sie spüren, dass das Energiefeld, das Sie nun dort vorfinden, durch die fremde Kraft gestört ist. Diese haftet dem Platz noch an, der eine Weile braucht, um sich zu regenerieren.

Der Energiefluss in einem Raum lässt sich am einfachsten daran erkennen, wie die Blickrichtung verläuft. Unsere Augen wandern auf diesen unsichtbaren Energielinien. Der Blick, also die Aufmerksamkeit, folgt der Energie. Das hört sich einfach an – und das ist es eigentlich auch. Sie können das sofort einmal ausprobieren. Gehen Sie kurz aus dem Zimmer hinaus und betreten Sie es dann erneut, aufmerksam und bewusst:

- Was nehmen Sie wahr, wo schauen Sie hin?
- Fällt Ihnen ein bestimmter Gegenstand ins Auge?
- Zieht die herrliche Aussicht Ihren Blick auf sich?
- Suchen Ihre Augen die Tür gegenüber?

Ideal ist es, wenn Ihr Blick gemächlich und in großer Runde durchs Zimmer schweift. Dies ist ein Zeichen, dass der Energiefluss harmonisch und ausgeglichen ist. Wenn ein Objekt so mächtig ist, dass es die ganze Aufmerksamkeit auf sich zieht, bleibt für den Rest zu wenig übrig. Das ist für einen Kunstgegenstand in einer Ausstellung gerade richtig, aber nicht für einen Wohnraum, wo es gilt, die Kräfte zu harmonisieren. Hier sollte kein einzelner Punkt die Aufmerksamkeit und damit die Energie fesseln. Sogar eine grandiose Aussicht sollte nicht im Vordergrund stehen. Die Landschaft oder die Stadt, was immer Sie dort sehen – die haben genug eigene Kraft und sind auf die Ihre nicht angewiesen. Sie brauchen Ihre Kraft bei sich zu Hause. Halten Sie sie dort!

Im Wohnbereich sollte die Energie frei schwingen und fließen. Wird sie an einer Stelle zu stark konzentriert, fehlt sie an einer anderen. In diesem Fall sollten Sie für Ausgleich sorgen. Rücken Sie zum Beispiel den Gegenstand, der immer ein Blickfang war, in eine Ecke, die bisher keiner wahrgenommen hat. Damit schlagen Sie zwei Fliegen mit einer Klappe: Die müde Ecke wird dadurch aufgewertet, der

Gegenstand selbst drängt sich dagegen nicht mehr so in den Mittelpunkt, da er ja an einem weitaus schwächeren Ort steht.

Um dieses Ziel zu erreichen, können Sie auch mit Licht und Schatten arbeiten. Leuchten Sie einen Raum nicht gleichmäßig aus, sondern lassen Sie zu, dass es Zonen gibt, in denen der Lichtkegel heller strahlt, und Bereiche, die im Halbdunkel versinken. Sie stärken schwache Bereiche mit Licht und mildern überstarke Bereiche durch Beschattung.

Dekorieren Sie Ihre Fenster, wenn sich die Öffnungen als wahre Energiesauger erweisen. Nehmen Sie Statuen, Steine, Fensterbilder, Vorhänge oder Pflanzen – Variationen gibt es viele. Zu jedem Stil und Geschmack lässt sich etwas Passendes finden.

Den Energiefluss anzuregen ist wie im Garten das Beet zu bereiten, damit gesät werden kann. Ein ausgeglichener Energiefluss trägt immens dazu bei, dass überhaupt etwas geschehen kann. Denn wenn die Energie gestaut und blockiert ist, können Sie so viele Symbole aufstellen, wie Sie wollen – sie werden wenig oder gar nicht zur Wirkung kommen. Es wäre so, als wenn Sie ein Licht im Schrank anzündeten. Es mag schwach nach außen schimmern, aber richtig hell macht es den Raum nicht.

Symbole

Schon sehr früh in ihrer Entwicklung haben die Menschen die Kraft der Symbole entdeckt und sich damit eine reiche Welt erschlossen. Noch immer üben Symbole einen geheimnisumwitterten Reiz auf uns aus – vielleicht, weil sie uns an alte Mythen und an die Märchen unserer Kindheit erinnern, die voll davon sind. In allen Kulturen hat es eine lange Tradition, Symbole für Wunscherfüllung einzusetzen.

Eine Münze, ein Herz, ein Stein – was wurde und wird nicht alles verwendet, um sich Geld, Liebe, Gesundheit und vieles mehr herbeizuwünschen!

Unser Geist allein würde keine Symbole brauchen. Meist sind es ja nicht die Dinge selbst, die wirken. Es ist in großem Maße die geistige Kraft, die hinter dem Vorgang steht. Theoretisch würde es also reichen, sich die Wünsche rein abstrakt vorzustellen. In der Praxis aber funktioniert das dennoch nicht gut. Der Grund: Wir bestehen eben nicht nur aus Geist. Wir haben auch Körper und Seele. Daher fällt es uns eben doch leichter, wenn wir zur Bestärkung unserer Wünsche ein Symbol benutzen können, das wir mit den Sinnen wahrnehmen können, das unsere Gefühle anspricht und das auf unser Unterbewusstsein wirkt. Dieses reagiert bekanntlich ganz stark auf Bilder. Was wäre also besser, als ein Symbol zu nutzen, wenn wir unserem Inneren eine Botschaft übermitteln wollen?

Stellen Sie sich vor, Ihnen wäre in der Kindheit oft gesagt worden: »Du bist ein Taugenichts, du wirst es nie zu etwas bringen«. Vom Verstand her haben Sie längst begriffen, dass das so nicht stimmt. Trotzdem kann dieser Satz in einer Nische Ihres Wesens weiter wirken wie schleichendes Gift. Nun aber umgeben Sie sich mit Symbolen, die Ihrem Unterbewusstsein tagtäglich Erfolg und Anerkennung signalisieren. Nach einiger Zeit wird sich eine positive Veränderung in Ihrer Haltung zum Thema Erfolg zeigen.

Oder denken Sie an eine schwere Enttäuschung. Vielleicht wurden Sie einmal betrogen oder verlassen. Einen großen Teil Versöhnungsarbeit haben Sie bereits geleistet, doch ein Rest Schmerz kann noch in Ihnen sitzen. Jetzt umgeben Sie sich mit Symbolen, die Ihnen Liebe, Zärtlichkeit und Vertrauen vermitteln. Ihr Herz kann damit leichter wieder aufblühen und sich für eine neue Partnerschaft öffnen.

Vielleicht sind Sie auch eher ängstlich veranlagt und wünschen sich mehr Mut und Risikobereitschaft. Oder Sie werden allzu schnell nervös, wären aber auch gern mal der ruhende Pol, selbst wenn um Sie herum der Sturm tobt. Oder Sie igeln sich zu oft ein, dabei wissen Sie eigentlich, dass Ihnen Freunde guttun, und wollen daher Ihre Kontaktbereitschaft fördern. Für all das lassen sich Symbole verwenden!

Sogar wenn eine Eigenschaft oder Verhaltensweise schon weit entwickelt und gut ausgeprägt ist, gibt es meist noch Steigerungsmöglichkeiten. Auch könnte Ihnen daran gelegen sein, das bisher Erreichte zu sichern und zu erhalten. Vielleicht leben Sie in einer glücklichen Partnerschaft, umgeben sich aber trotzdem mit Herzen und Rosen. Dadurch zeigen Sie, dass die Liebe erhalten bleiben soll und noch wachsen darf. Oder Sie meditieren oder beten täglich, haben also einen guten und schönen Kontakt zur göttlichen Welt aufgebaut. Dennoch tragen Sie zusätzlich religiöse Symbole bei sich, eben um zu zeigen, dass Sie diese wunderbare Verbindung zum Himmel aufrechterhalten und noch weiter ausbauen möchten.

Von Symbolen können wir uns also in allen Bereichen unterstützen lassen. Wir können sie anschauen und berühren. Sie sind Futter für unsere Sinne und beeinflussen intensiv unser Unterbewusstsein. Mit Symbolen können wir uns gezielt mit Energien umgeben, an die sonst ein Herankommen schwer wäre. Vorrang sollte zwar die direkte Methode haben, das heißt, wenn es etwas zu tun oder zu sagen gibt, sollte es getan und gesagt werden. Symbole sind dann das Mittel der Wahl, wenn diese Wege ausgeschöpft oder nicht zugänglich sind. Dann sind sie unersetzlich und genial gut.

Dazu ein Beispiel: Stellen Sie sich vor, dass es Ihnen an Stabilität mangelt und an innerer Sicherheit fehlt. Von Problemen und Kritik lassen

Sie sich extrem aus der Balance bringen. Jeden Tag, wenn Sie nach Hause kommen, leiden Sie noch lange unter den beunruhigenden Eindrücken des Tages. Nur schwer können Sie sich von den vielfältigen Bildern lösen. Erdung würde Ihnen guttun, doch gerade die fehlt Ihnen.

Nun wissen Sie um die beruhigende Kraft von Felsen und Steinen auf Ihr Wesen – etwa weil Sie bei einer Reise in die Berge erfahren haben, dass Steine Sicherheit und Stabilität vermitteln. Nun können und wollen Sie aber nicht Ihr ganzes Leben umkrempeln und ins Hochgebirge ziehen, nur um täglich genügend Felsen zu sehen. Nutzen Sie stattdessen die Kraft der Symbole und legen Sie einen großen Stein neben Ihre Haustür oder eine Ansammlung kleiner Steine auf ein Bord daneben. Wenn dies nicht möglich ist, nehmen Sie das Bild eines Steines oder Felsengebirges. Die Steine bzw. deren Bild unterstützen Sie täglich beim Nachhausekommen in Ihrem Wunsch nach Stabilität und Festigkeit.

Ein anderes Beispiel: Sie sind oftmals müde und haben wenig Antriebskraft. Der verlockendste Platz in Ihrer Wohnung ist stets das Sofa. Zu allen Tätigkeiten und auch zu Ihrer Arbeit müssen Sie sich mühsam aufraffen. Bei einem Urlaub an einem Fluss oder auch am Meer haben Sie festgestellt, dass Ihnen der Anblick von Wasser guttut, dass Sie das ruhige und beständige Fließen als anregend empfinden und dass Sie Wasser in Schwung bringt. Damals am Fluss war für Ihre Unternehmungen gar nicht mehr so viel eigener Krafteinsatz notwendig. Nun könnten Sie natürlich umziehen und sich ein Haus am Fluss suchen. Das aber könnte mit einem unzumutbaren Aufwand verbunden sein. Einfacher ist es, Sie bleiben dort wohnen, wo Sie jetzt sind und agieren mit Symbolen: Ein plätschernder Brunnen, eine Schale mit stets frischem Wasser oder das Bild eines Flusses werden Ihnen in Zukunft Ihre Aktivitäten erleichtern.

Und noch ein Beispiel: Sie empfinden einen Nachbarn als ungeheuer aggressiv und fühlen sich ständig von ihm gestört. Gespräche mit ihm sind ergebnislos verlaufen. Sie leiden unter dem Dauerstreit, wollen aber nicht schon wieder umziehen, denn Ihre Wohnung gefällt Ihnen ansonsten sehr gut. Sie erinnern sich daran, dass man Energien zurückschicken kann, indem man sie spiegelt. Am Fenster oder an der Wand zum Nachbarn stellen Sie daher einen Spiegel auf, mit der Spiegelfläche zum Nachbarn. Was immer er an Sie aussendet, prallt am Spiegel ab und strahlt unmittelbar auf ihn zurück. Sie werden davon gar nicht erst erreicht. Wenn Sie sich und dem Nachbarn etwas Gutes tun wollen, nehmen Sie einen nach außen gewölbten Spiegel. Damit prallen die Bosheiten, die er aussendet, nicht so hart auf ihn zurück.

So kann er mit der Zeit ruhiger und gelassener werden. Stellen Sie noch eine Rose dazu, so kann sich eines Tages sogar eine gute Freundschaft entwickeln.

Um mit Symbolen zu arbeiten, machen Sie sich zunächst ein Thema bewusst, das Sie bearbeiten wollen. Entscheiden Sie sich dafür, es nun zum Positiven hin zu verändern. Setzen Sie Symbole ein, um gute Eigenschaften oder Verhaltensweisen anzuziehen. Sich mit der Auswahl und Wirkung von Symbolen zu beschäftigen macht zum einen einfach Spaß, zum anderen wird die Erfahrungswelt dadurch vielfältiger und bunter. Sie schränken sich nicht mehr ein, indem Sie sich damit abfinden, bestimmte Dinge leider nicht zur Verfügung zu haben. Stattdessen lassen Sie mehr zu. Sie erweitern Ihre Welt und werden kreativ. Wenn Sie das Bewusstsein mit einem Auftrag und das Unterbewusstsein mit Symbolen füttern, kann sich Ihr ganzes Leben verändern. Es ist wie eine Neuprogrammierung.

Bestimmt fallen Ihnen auf Anhieb mehrere Punkte in Ihrem Leben ein, für die Sie sich eine Weiterentwicklung, eine Verbesserung wünschen. Ist es die Partnerschaft? Die Familie, die Beziehung zu Eltern und Kindern? Sind es gute Freunde, nach denen Sie sich sehnen? Oder Geld und Gut? Erfolg und Anerkennung? Wünschen Sie sich Gesundheit und Lebensfreude? Oder einfach mehr Glück im Leben?

Unsere Fähigkeit zu wünschen ist im Grunde genial. Denn die Fantasiegebilde der Wünsche sind die Vorstufe von konkreten Zielen. Erst taucht ganz vage ein Bedürfnis auf, dann entsteht eine Idee, wie es zu befriedigen sei, man wird kreativ, malt sich die Erfüllung erfindungsreich aus und kann damit schließlich die Umsetzung seiner Vorstellungen erreichen. Das Wünschen stellt eine unglaublich starke Antriebskraft in unserer Entwicklungsgeschichte dar.

In jedem Menschen wohnt die Sehnsucht nach besseren Lebensbedingungen. Normalerweise hofft und wünscht man aber so in den Tag hinein. Zerfleddert sich, will heute dies, morgen jenes, übermorgen wieder etwas anderes. Mehr Kraft verleihen wir den Wünschen, wenn wir sie auf den Punkt bringen, sie exakt formulieren, aufschreiben, aussprechen, wiederholen, durch Bilder und Symbole bekräftigen und schließlich voller Vertrauen an die göttliche Kraft weitergeben.

Bleiben Sie nicht im Gefühl der Sehnsucht haften, sondern stellen Sie sich bereits die Erfüllung Ihrer Wünsche vor. Spüren Sie tief hinein, und lassen Sie Ihre Fantasie spielen. Wenn Sie etwa den starken Wunsch hegen, in einem Haus mit Garten zu wohnen, so stellen Sie sich lebhaft vor, wie sehr Sie Ihren Besitz genießen und pflegen, wie Sie sich um die Blumen und Bäume kümmern, die Atmosphäre Ihres Hauses aufbauen und Ihr Anwesen in Schönheit erstrahlen lassen. Beim Wunsch nach Partnerschaft und Familie lassen Sie ein Bild vor Ihrem geistigen Auge wach werden, das Ihnen ein lebendiges, fröhliches, von Liebe und Zuneigung getragenes Zusammenleben zeigt – eben ganz so, wie Sie es sich erträumen.

Malen Sie sich die Erfüllung Ihrer Wünsche so farbig wie möglich in Ihrer Vorstellung aus. Fangen Sie nicht in jedem Lebensbereich ein bisschen an, sondern suchen Sie sich Ihre Favoriten. Mehr als zwei, maximal drei Wünsche auf einmal sollten Sie allerdings nicht angehen. Der Bereich, dem man seine Aufmerksamkeit schenkt, kann und wird sich besser entwickeln. Da man seine Augen aber nicht überall zugleich haben kann, sollte man sich eine Prioritätenliste machen. Ansonsten ist die Gefahr groß, den Überblick zu verlieren. Dann würden die Symbole, die eigentlich zur Erfüllung der Wünsche gedacht waren, zur schönen, aber nutzlosen Dekoration verkommen. Bis zu drei Themen gleichzeitig zu bearbeiten, ist genug, um das eigene System nicht zu überfordern.

Machen Sie also als Erstes eine Bestandsaufnahme. Dann entscheiden Sie sich, welchen der Lebensbereiche Sie vorrangig bearbeiten wollen. Die anderen kommen danach an die Reihe, sobald sich bei den ersten Themen eine Veränderung gezeigt hat.

Um die Erfüllung Ihrer Wünsche anzukurbeln, wählen Sie ein Symbol, das in Ihnen das stärkste Gefühl auslöst. Sie können auch mehrere Symbole nehmen, falls Sie sich nicht entscheiden können. Suchen Sie dafür einen Platz, an dem Sie sie jeden Tag sehen und somit immer mehr verinnerlichen können. Andere Menschen werden Ihre Kraftsymbole gar nicht als solche erkennen, etwa wenn Sie sich für eine unauffällige Variante aus der Dekoabteilung wie eine große Vase oder ein farbiges Kissen entscheiden. Das spielt keine Rolle, denn nur Sie selbst brauchen zu wissen, welche zusätzliche Bedeutung dieser Gegenstand hat. Ihr Symbol sollte lediglich logisch zu dem Lebensbereich passen, den Sie gerade bearbeiten.

Sie können auch aus bekannten und klassischen Symbolen eines auswählen, das Ihre gesuchte Qualität widerspiegelt – wie Kreis, Quadrat, Kreuz, Blume des Lebens oder Baum des Lebens. Sie können einen Kreis als Symbol der Vollkommenheit verwenden, um diese bei sich zu fördern. Sie können ein Quadrat nutzen, um Ruhe und Stabilität hereinzuholen. Sie können mit einem Kreuz den eigenen Standpunkt stabilisieren und klare Entscheidungen treffen. Sie können mit der Blume des Lebens Harmonie und kosmische Ordnung in Ihrer Umgebung anregen. Sie können mit dem Baum des Lebens Lebenskraft und Energie fördern.

Achten Sie aber auch hier darauf, dass Ihre ausgewählten Symbole für Sie persönlich stimmen. Dabei reicht es schon aus, wenn Sie ein Symbol neugierig macht und Sie Lust haben, es einzusetzen, auch ohne dass Sie dies mit Ihrem Verstand begründen können. Ihr Interesse daran ist schon genug, um das Symbol mit der zugehörigen Kraft aufzuladen.

Vielleicht finden Sie neben der Verwendung der klassischen Symbole auch Vergnügen daran, Ihre eigenen Symbole zu entdecken, solche, die nur für Sie selbst gelten. Entwickeln Sie persönliche Sinnbilder für Ihre kleinen und großen Wünsche! Sie können die Aussagekraft dadurch individualisieren und wunderbar verstärken.

Ungewöhnliche Symbole, die nur mit Ihnen selbst zu tun haben, wirken manchmal sogar intensiver, eben weil sie so individuell sind. Vielleicht lässt Sie diese merkwürdig gestellte Leiter nicht mehr los, die Sie vor langer Zeit in einem Wappen gesehen haben. Oder Sie denken immer wieder an das Reh, das Sie beim letzten Waldspaziergang beobachtet haben. Vielleicht können Sie einfach nicht diese herrlich exotische Pflanze vergessen, die Sie kürzlich in einem Bildband gesehen haben. Oder ist es die wunderschöne Vogelfeder, die gestern auf Ihrem Weg lag?

Wer aufmerksam durch die Welt geht, wird immer mehr solch kleine Erlebnisse wahrnehmen und sich vielleicht von der Feder anregen lassen, doch auch mal wieder einen Höhenflug zu unternehmen. Oder er fängt beim Anblick der schönen Blume spontan zu dichten an wie schon seit vielen Jahren nicht mehr, lässt sich vom Reh zu mehr Sanftmut anregen und von der Leiter, sich nun doch um den höheren Posten zu bewerben.

Licht wirkt übrigens immer erhellend. Bestrahlen Sie Ihr gewähltes Symbol mit Licht, oder zünden Sie davor eine Kerze an, so gewinnen Sie eine zusätzliche Schubkraft zur Erfüllung Ihrer Wünsche.

Vergessen Sie auch nicht, dass »Bekommen« untrennbar mit »Geben« verknüpft ist. Sie bedingen einander. Beides ist wichtig, das Geben und das Nehmen, um einen Kreislauf zu erzeugen. Fixieren Sie sich also nicht nur auf das Bekommen, sondern schauen Sie immer bei sich nach, ob Sie die Qualität, die Sie sich so dringend wünschen, auch selbst bereit sind zu geben.

Bagua

Freunde Himmel *Nordwesten*	Lebensweg Alltag *Norden*	Konzentration Spiritualität *Nordosten*
Kinder Kreativität *Westen*	Gesundheit Selbstwert *Zentrum*	Familie Tradition *Osten*
Partnerschaft Erde *Südwesten*	Erfolg Anerkennung *Süden*	Reichtum Glück *Südosten*

Die Kraft der einzelnen Symbole lässt sich enorm verstärken, wenn die Symbole auf einen Platz gelegt werden, der deren Energie widerspiegelt und unterstützt. Diese Kunst wurde intensiv im chinesischen Feng Shui erforscht und in einem Teilbereich daraus, dem Bagua, zu einem komplexen System ausgebaut.

Hierbei wird ein Haus in acht Bereiche eingeteilt, die sich um eine Mitte gruppieren. Insgesamt entstehen somit neun Felder, die den Lebensbereichen der Menschen entsprechen. Sie werden nach der klassischen Lehre den Himmelsrichtungen zugeordnet. Auch wer ansonsten kein Feng-Shui-Kenner ist, hat vielleicht schon von der »Reichtumsecke« oder dem »Partnerschaftsbereich« gehört. Das Wissen um diese Bereiche und deren Aktivierung mit Symbolen hat sich in den letzten Jahrzehnten stark verbreitet und im Bewusstsein sehr vieler Menschen verankert. Es ist normal geworden, man wendet es ganz selbstverständlich an. Dies hilft, um den ständig zweifelnden und nörgelnden inneren Kritiker dazu zu überreden, es mit dem Bagua zumindest einmal zu versuchen.

Ähnlichkeiten zwischen unseren Gebräuchen und diesem eigentlich fremden System des Feng Shui lassen sich überraschend viele finden. Vielleicht kennen Sie den lateinischen Ausdruck »ex oriente lux«, übersetzt »aus dem Osten kommt das Licht«. Die Sonne, die uns das Licht bringt, damit auch die Energie, geht im Osten auf. Das, wo alles herkommt, ist also der Osten, und dieser wird im Feng Shui gleichgesetzt mit »Eltern, Vorfahren, Autoritäten«. Das aber, wo alles hingeht, wo die Sonne untergeht, das ist die Zukunft. Das wird in unserer Tradition so gesehen – und im Feng Shui wird dieser Bereich mit »Kinder, Kreativität« benannt. Oder denken Sie an den Feng-Shui-Bereich »Ruhm, Erfolg, Anerkennung«, der dem Süden zugeordnet wird, während in der abendländischen Astrologie der südliche und höchste Punkt der Sonne »Lebensziel, Ansehen und Erfolg«

symbolisiert – auch dies eine erstaunliche Übereinstimmung. Dies alles lässt darauf schließen, dass doch ein altes, gemeinsames Urwissen hinter den unterschiedlichen Lehren steckt.

Trotzdem funktioniert bei uns nicht alles, was in der chinesischen Tradition ganz selbstverständlich passt. Manches hat eben doch mit lokalen Bräuchen und Gewohnheiten zu tun. Wenn Sie Symbole aus dem Feng Shui übernehmen wollen, sollten Sie also genau hinspüren, ob Ihr Inneres dazu in Resonanz geht. So stehen rote Fische in China für Wohlstand und Glück, bei uns wird kaum einer diese Begriffe zusammenbringen. Hier könnte es für einen persönlich sinnvoller sein, einen üppig blühenden Garten abzubilden oder eine Schale aufzustellen, die überquillt mit Schmuck oder Früchten. Auch das Bild eines Wasserfalls, das im klassischen Feng Shui den Geldfluss anregen soll, ist bei uns nicht ohne Weiteres nachvollziehbar. Im Chinesischen klingen die Worte für »Geld« und für »Wasser« sehr ähnlich, da macht es Sinn. Bei uns aber gibt es viele Menschen, die speziell einen Wasserfall eher bedrohlich finden als anregend. Bei einem Bach oder Flusslauf hingegen können sie sich zumindest noch vorstellen, dass beides, Wasser und Geld, im Fluss bleiben muss, um nicht faulig und abgestanden zu werden. Noch eindeutiger wirkt jedoch eine Schale mit Münzen.

In der Wahl der Symbole gilt es, sich zu erlauben, offen und selbstbewusst mit den Traditionen umzugehen und sie für die eigene Welt anzupassen. Bleibend wichtig ist jedoch die Erkenntnis, aus dem Feng Shui genauso wie aus anderen alten Lehren, dass es einen Unterschied macht, wo etwas platziert wird. Wir wissen dadurch, dass sich die Lebensbereiche der Menschen auch räumlich zuordnen lassen. Damit sind wir wieder bei einem uralten Grundsatz. Auf die antiken hermetischen Schriften wird der Lehrsatz der Entsprechungen zurückgeführt: »Wie oben – so unten, wie innen – so außen«.

Das bedeutet, dass alles, was wir in unserem Inneren erleben, seinen Ausdruck in unserer äußeren Umgebung findet. Auf das räumliche Umfeld bezogen heißt dies, die Gestaltung und der Zustand unserer Wohnung spiegeln uns selbst. Wir richten uns stets so ein, wie es unserem inneren Zustand entspricht. Und jede Veränderung in unserem äußeren Umfeld wird zwangsläufig die gewünschte Veränderung in unserem Inneren herbeiführen.

Symbole beleben den Platz, auf dem sie stehen und regen so zu einer Veränderung an. Sie bringen Schwung ins Denken und Fühlen. Ihre Kraft wirkt transformierend auf das Unterbewusstsein. Gerade Menschen, die durch Grübeln ihre Probleme nicht lösen konnten, sollten sich in den Umgang mit Energiefluss, Symbolen und Bagua vertiefen, und sei es als Ergänzung zu anderen Methoden. Damit können sie ganz sanft im Außen ein Zeichen setzen und die neue Ordnung auf sich wirken lassen.

Nun gibt es im traditionellen Bagua sehr klare Angaben, welcher Teil des Hauses für welche Lebensbereiche und Tätigkeiten ideal sei. Als Bezugspunkte wurden die Himmelsrichtungen verwendet. In den 1980er-Jahren hat sich bei den kalifornischen Feng-Shui-Meistern eine neue Anschauung durchgesetzt – die Zuordnung der Lebensbereiche und des Baguas zur Eingangsseite des Hauses. Beide Lehren erzählen von großen Wirkungen und Erfolgen.

Nun ist es wohl an jedem selbst zu entscheiden, welche Anschauung ihm mehr entspricht, die klassische oder die moderne Form des Feng Shui. Meine Erfahrung damit ist: Naturverbundene Menschen fühlen sich meist mehr zur Regelung nach Himmelsrichtungen hingezogen, Stadtmenschen mehr zur Eingangsvariante. Aber auch das ist nur eine Tendenz, kein Gesetz – die Wahl bleibt jedem selbst überlassen.

DIE
SCHILDE
IN FARBE

Reinigen

Loslassen

WENIGER UND MEHR

Klären

Mehren

AM RICHTIGEN ORT

Mitte: Gesundheit + Selbstwert

AM RICHTIGEN ORT

Südwesten: Partnerschaft + Erde

Südosten: Reichtum + Glück

AM RICHTIGEN ORT

Norden: Lebensweg + Alltag

Süden: Erfolg + Anerkennung

AM RICHTIGEN ORT

Osten: Familie + Tradition

Westen: Kinder + Kreativität

AM RICHTIGEN ORT

Nordwesten: Freunde + Himmel

Nordosten: Konzentration + Spiritualität

ZUR RICHTIGEN ZEIT

Januar: Zeit der Klarheit

Februar: Zeit der Wunder

ZUR RICHTIGEN ZEIT

März: Zeit der Fantasie

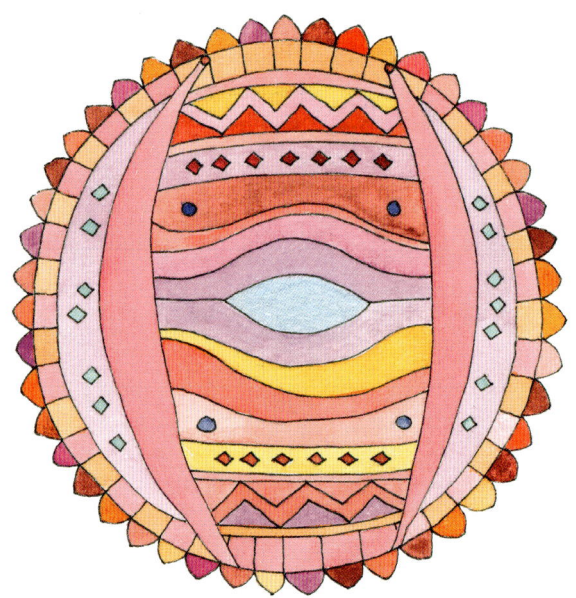

April: Zeit der Abenteuer

ZUR RICHTIGEN ZEIT

Mai: Zeit der Sinne

Juni: Zeit des Lichts

ZUR RICHTIGEN ZEIT

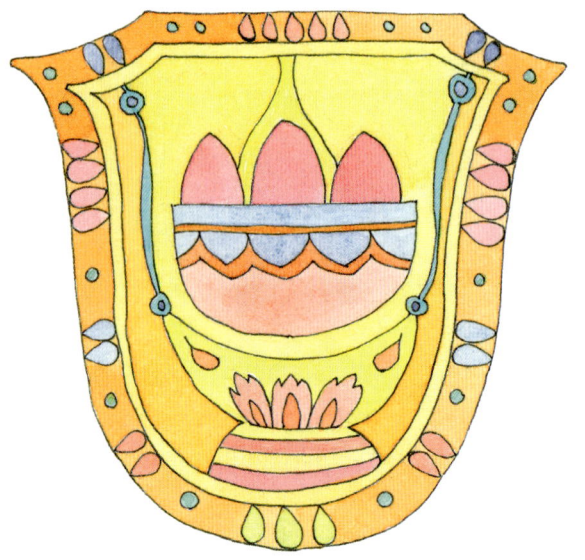

Juli: Zeit des Nährens

August: Zeit der Fülle

ZUR RICHTIGEN ZEIT

September: Zeit der Ordnung

Oktober: Zeit des Miteinanders

ZUR RICHTIGEN ZEIT

November: Zeit der Tiefe

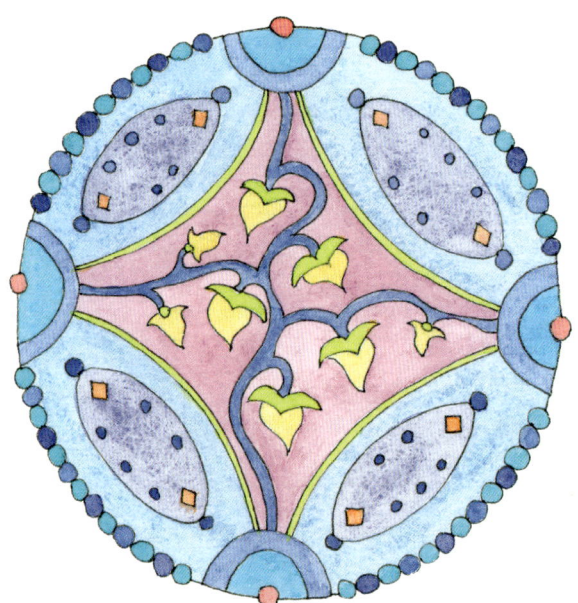

Dezember: Zeit des Schenkens

Mitte: Gesundheit + Selbstwert

DIE BEDEUTUNG

Die Gesundheit ist die Basis des Lebens. Alle anderen Bereiche sind zwar wichtig, doch die Gesundheit steht an zentraler Stelle. Wie treffend ist es daher, dass im Feng Shui der Bereich »Gesundheit« dem Zentrum des Hauses zugeordnet wird. Eng mit der Gesundheit verbunden ist der Selbstwert, der mit der seelischen Gesundheit gleichgesetzt werden kann. Ein stabiler Selbstwert heißt, in der eigenen Mitte zu sein. Damit lassen sich kleinere und größere Angriffe und Missgeschicke aushalten, ohne ins Schwanken zu geraten. Hier, in der Hausmitte, lässt sich eine feste Basis ausbauen. Sie dient als ständige Energiequelle, als persönlicher Kraftpool.

DIE SYMBOLE

Ein passendes Symbol für diese Energiequelle stellt ein Zimmerspringbrunnen dar. Sprudelndes Wasser bleibt frischer als stehendes Wasser, auch wirkt es immer lebendig. Kräftig wachsende Grünpflanzen sowie üppige Küchenkräuter erinnern ebenfalls an die Themen »Gesundheit« und »Lebenskraft«. Ein frischer Blumenstrauß berührt den »Selbstwert«.

Sehr stark wirkt die Mitte, wenn sie frei ist. Vielleicht gelingt es Ihnen ja, in Ihrer Hausmitte einen freien Platz zu schaffen. Optisch hervorheben lässt sich dieser freie Platz durch ein besonderes Fliesenmuster im Boden oder einen ausgesuchten Teppich. Brunnen, Blumen und Kräuter können auf einer Anrichte daneben Platz finden.

Sehr gut eignen sich außerdem Klänge, um »Gesundheit« und »Selbstwert« zu aktivieren. Durch ihre Schwingungen bringen sie Bewegung und damit das Gefühl der Lebendigkeit in den Raum. Nicht zu vergessen ist das Licht. Sorgen Sie für eine helle Hausmitte, auch mit künstlichen Lichtquellen. Kristalle eignen sich gut zur Verstärkung, da sie durch ihre Reflexion zusätzliche Lichteffekte versprühen.

DER SCHILD

Lassen Sie den Schild »Gesundheit und Selbstwert« auf sich wirken. Alle Aurafarben leuchten in diesem Schild auf. Die Wellen im Hintergrund bringen die wohltuende Energie des Wassers mit. Die Blätter im Vordergrund erinnern an die Heilkraft der Natur. Zusammen entsteht ein Tanz des Lebens, der Lebendigkeit, des Frohsinns, der Gesundheit.

DIE ÜBUNG

Machen Sie zunächst eine ganz praktische Übung. Stellen Sie sich in die Mitte des Hauses und läuten Sie einen Klang an – eine Klangschale, ein Klangspiel, ein Glöckchen oder einen Gong. Auch ein selbst gesungener Ton ist immens wirksam. Lassen Sie ihn in Ihrem Herzen entstehen, lassen Sie Ihren Ton anschwellen und wieder leiser werden.

Stellen Sie sich beim Tönen und Klingen vor, wie sich die Energieschwingungen von der Mitte aus gleichmäßig in Ihrem Körper und in Ihrem Zuhause verteilen. Danach visualisieren Sie vor Ihrem geistigen Auge eine Quelle. Stellen Sie sich vor, dass diese Quelle mitten in Ihrem Haus, in Ihrer Wohnung entspringt. Nehmen Sie wahr, wie kräftig diese Quelle sprudelt und wie energiegeladen dieses Wasser ist. Sehen Sie sich, wie Sie in dieser Quelle stehen und ihr Sprudeln an Ihren Füßen spüren. Sehen Sie sich, wie Sie aus der Quelle trinken,

wie das Wasser durch Ihren Körper rieselt, alle Zellen erreicht und Sie mit Lebenskraft erfüllt. Verabschieden Sie sich dann von diesem Bild, in dem Wissen, dass Sie jederzeit wiederkommen können, um hier frische Energie aufzunehmen.

DIE AFFIRMATION

Sagen Sie sich einen heilenden Satz wie diesen: »Ich fühle mich gesund bis in jede einzelne Zelle.« Oder: »Kraft und Energie fließen mir zeitlebens reichlich zu.« Oder: »Ich spüre, wie sich Gesundheit und Wohlbefinden in mir ausbreiten.« Oder: »Ich bin wertvoll.«

Südwesten: Partnerschaft + Erde

DIE BEDEUTUNG

Einen Partner zu finden ist das eine, die Partnerschaft lebendig zu halten, das andere. Beides ist wichtig, und beides lässt sich unterstützen. Dieser Lebensbereich hat dazu auch mit Erdung zu tun. Denn es ist das Dasein auf der Erde, das uns zu scheinbar getrennten Wesen macht und uns doch ständig nach dem Einssein sehnen lässt. Die Zweiteilung auf der Erde, das Yin und das Yang, bestimmt unsere Wirklichkeit. Diese Zweiteilung heißt es wahrzunehmen und anzunehmen, um sie letztlich überwinden zu können. Im Bereich von »Partnerschaft und Erdung« ist dies sehr gut möglich. Dadurch lässt sich ein fester Stand gewinnen. Wir sind fest verwurzelt. Wir fühlen uns vollständig und sehr stabil – ob wir alleine oder in einer Gemeinschaft leben.

DIE SYMBOLE

Schauen Sie sich in Ihrem Zuhause um, mit welchen Bildern und Symbolen es geschmückt ist. Wenn Sie sich nach Zweisamkeit sehnen, wäre das Bild eines einsamen Wanderers das falsche Zeichen. Tauschen Sie es gegen ein verliebtes, glücklich lachendes Paar aus oder durch ein Bild aus der Natur, das Harmonie ausstrahlt. Auch Figuren, die Freundschaft und Liebe ausdrücken, sind gut geeignet. Passende Materialien für diesen Bereich sind Naturstein, Ton und Terrakotta. Unterstützende Farben sind warme, ins Orange gehende Töne. Dadurch wird der Wunsch sozusagen irdischer, auf die Erde gebracht, erfüllbarer.

Überlegen Sie sich außerdem, was Sie sich von der Partnerschaft erwarten. Sehnen Sie sich nach Liebe und Zärtlichkeit, dann sind kuschelige Kissen richtig, gedämpftes Licht und ein breites, gemütliches Sofa. Alle Symbole, die Weichheit, Wärme und Geborgenheit ausstrahlen, helfen, romantische Gefühle anzuregen. Hätten Sie gern mehr Erotik in Ihrem Liebesleben, zeigen Sie es fordernder. Nehmen Sie eine Decke mit Raubtiermuster statt neutraler Streifen, wählen Sie Rot statt Rosa, und stellen Sie eine erotische Figur oder ein sinnliches Bild auf. Wünschen Sie sich mit Ihrem Partner mehr gemeinsame Unternehmungen, so gestalten Sie den Bereich mit Hinweisen auf mögliche Aktivitäten: Heften Sie zwei Kinokarten an die Wand, legen Sie den Veranstaltungskalender auf, die Anzeige eines Fitnessstudios, ein Foto von Radlern oder Ruderern – wie immer Sie sich eben Ihre gemeinsame Zeit vorstellen.

Wollen Sie eine bestehende Beziehung aufbauen, wählen Sie Fotos, auf denen Sie beide zusammen zu sehen sind. Suchen Sie Situationen, in denen Sie beide glücklich waren. Wenn Sie mögen, gestalten Sie liebevoll eine ganze Wand damit, statt nur ein kleines Bild ins Regal zu stellen. Geben Sie der Partnerschaft Raum! Die Fotos mit Verflossenen entfernen Sie, auch dann, wenn Sie sich freundschaftlich getrennt haben. Diese Bilder sind in einem Schrank besser aufgehoben oder maximal im Bereich »Freunde«. Man kann die Vergangenheit auch würdigen, indem man sie ruhen lässt.

Immer schön sind Pflanzen als Symbol für »Partnerschaft und Erdung«, zeigen sie doch, dass Sie sich fest verwurzelt fühlen, und auch, dass Ihre Partnerschaft spannend und lebendig bleiben und Ihre Liebe wachsen soll. Sehr gut eignen sich Pflanzen mit runden, weichen Blättern, weniger die anfälligen, mimosenhaften, auch nicht die mit den aggressiven, spitzen Blättern. Wählen Sie zwei gleiche Pflanzen oder zwei, die gut zueinander passen. Die traditionelle

Blume der Liebe ist die Rose. Die Zärtlichkeit verstärken Zimmerlinde, Alpenveilchen und, durch seine herzförmigen Blätter, das Usambaraveilchen. Erotisierend wirken Orchideen, Kamelien und auch Jasmin. Im traditionellen Feng Shui wird der Zimmerbambus bevorzugt. Er eignet sich wegen seiner gleichmäßigen Energie sehr gut, um den Bereich »Partnerschaft und Erdung« auszugleichen.

Venus und Mars stehen für den weiblichen und männlichen Pol in einer Beziehung, aber auch für die unterschiedlichen Wesensanteile in jedem selbst. Sie können als Symbol dazu beitragen, die eigene Persönlichkeit ausgeglichen und harmonisch zu machen und die Beziehungsfähigkeit ausgewogen zu entwickeln.

Der Schild

Lassen Sie den Schild »Partnerschaft und Erde« wirken. Vergleicht man Menschen mit Blütenseelen, so zeigt sich auch hier, dass jede anders ist. Die eine Blüte zeigt sich mit runden Blättern und in Orange, die andere in Lila mit länglichen Blütenblättern. Jede ist für sich – und doch schwingen sie auch ineinander und tragen Anteile in sich, die dem Partner entsprechen. Sie lassen sich voneinander inspirieren, aber bleiben doch sie selbst. Getragen und umhüllt werden sie von der Erde, Einflüsse aus der Umgebung sind willkommen.

Die Übung

Stellen Sie sich auf den Boden, und lassen Sie tiefe Wurzeln in die Erde wachsen. Nehmen Sie wahr, wie leicht das ist und wie gut Ihnen die Erdung tut. Eine stabile Haltung brauchen Sie, ob Sie allein oder in einer Gemeinschaft leben.

Wenn Sie sich eine Partnerschaft wünschen oder Ihre bestehende Beziehung stärken möchten, lassen Sie vor Ihrem geistigen Auge eine Situation zu zweit auftauchen, in der Sie sich gemeinsam von Herzen

freuen. Wenn Sie aktuell allein sind, es aber nicht bleiben wollen, stellen Sie sich ebenfalls als Paar vor, dann eben mit einem virtuellen Gefährten. Sehen Sie sich lachen, einander anlachen. Sehen Sie, wie Ihre Augen strahlen, wie begeistert Sie sind. Sehen Sie, wie Sie einander in den Armen halten. Nehmen Sie wahr, wie Ihr Puls etwas schneller schlägt und wie Sie von Glücksgefühlen durchströmt werden. Spüren Sie die Harmonie, die Freude, die Liebe, die sich wie eine feine, leuchtende Schutzwolke um Sie herum bildet.

Die Affirmation

Prägen Sie sich einen Satz wie diesen ein, wenn Sie Ihre bestehende Beziehung aufbauen möchten: »Meine Partnerschaft ist von Tag zu Tag harmonischer und liebevoller.« Wenn Sie auf der Suche nach dem Traumpartner, der Traumpartnerin sind, nehmen Sie einen Satz in der Art: »Ich ziehe genau den Menschen an, der mich liebt und unterstützt und den ich liebe und unterstütze.« Und wenn Sie sich mehr Erdung wünschen, sagen Sie sich: »Ich bin fest verwurzelt mit der Erde.« Oder: »Ich fühle mich geborgen und sicher.«

Südosten: Reichtum + Glück

DIE BEDEUTUNG

Über Arbeit und Hobbys können wir unsere Talente verwirklichen und unsere Fähigkeiten einsetzen. Wir streben nach Erfolg, auch in finanzieller Hinsicht. Es macht frei, ausreichend Mittel zur Verfügung zu haben, um ohne Belastungen und Existenzsorgen leben zu können. Hilfreich ist dabei die Einsicht, dass Reichtum und Glück nicht nur in Form von Geld zu finden sind. Das Gefühl, reich zu sein, kann das Leben durchströmen, auch ohne dass das Konto prall gefüllt ist. Die materiellen Güter sind wie ein Geschenk, die das Schicksal obendrauf gibt. Eine geklärte innere Einstellung zu Geld und Werten ist förderlich, um dieses Geschenk anzuziehen. So kann sich im Herzen Zufriedenheit ausbreiten. Das Glücksempfinden steigt.

DIE SYMBOLE

Um den Lebensbereich »Reichtum und Glück« anzukurbeln, suchen Sie sich Symbole, die für Sie Reichtum und Fülle ausstrahlen. Es darf glitzern und glänzen, es darf üppig und prächtig werden. Hängen Sie das Bild eines Füllhorns oder eines schönen Parks auf. Auch ein gut gefüllter Obstkorb oder reich blühende Pflanzen können »Fülle« bewusst machen. Wenn Sie den Reichtum ganz klassisch sehen und damit Villa, Sportwagen und Yacht verbinden, hängen Sie entsprechende Bilder auf. Vielleicht bedeutet Reichtum für Sie, in Freiheit zu leben, etwa in einem Blockhaus am See oder in einem Hausboot. Wie auch immer: Trauen Sie sich, Ihre Version von Reichtum zu zeigen.

Sehr wirksam ist zudem eine Schatztruhe mit Schmuck oder eine Schale mit Münzen. Truhe und Schale dürfen sich füllen: Sie können immer wieder neue Geld- und Schmuckstücke dazulegen, um den zunehmenden Reichtum sichtbar zu machen. Das Bild einer Sonne lädt Selbstbewusstsein und Strahlkraft ein. In der chinesischen Feng-Shui-Tradition helfen Wasserfallbild, Aquarium und Zimmerspringbrunnen, die Geldquelle anzuregen. Bestrahlen Sie diesen Bereich zudem mit Licht, um den Reichtum einzuladen und das Glück strahlen zu lassen.

DER SCHILD

Legen Sie den Schild »Reichtum und Glück« auf. Die Erde ist das Symbol für Materie, ihre Farben Braun und Orange tragen und festigen den Reichtum. Das helle Gelb zeigt, dass lichtvolle Werte segensreich im Hintergrund wirken. Gute Gaben strömen von allen Seiten herein. Das Glück geht auf wie die Sonne. Es ist die Sonne.

DIE ÜBUNG

Stellen Sie sich bildlich vor, dass Wohlstand, Glück und Fülle wie ein goldener Lichtstrom durch Ihr Fenster hereinfließen. Fühlen Sie, wie glücklich und entspannt Sie dabei werden, weil Sie wissen, dass Sie an der Fülle des Lebens teilhaben. Sehen Sie vor Ihrem geistigen Auge, wie Sie Geld einnehmen und ausgeben, beides mit Leichtigkeit und großem Vergnügen. Sehen Sie sich, wie Sie sich und anderen ideelle und materielle Wünsche erfüllen. Nehmen Sie wahr, wie gut es sich anfühlt, sich und anderen etwas zu gönnen. Stellen Sie sich immer wieder voller Freude vor, wie Sie die finanzielle Sicherheit genießen und wie reich und erfüllt Ihr Leben ist. Nehmen Sie wahr, wie Sie Reichtum und Glück aussenden und ausstrahlen. Sehen Sie sich in allen Bereichen aus dem Vollen schöpfen, mit heller Freude und

großer Dankbarkeit. Fühlen Sie sich reich. Fühlen Sie sich glücklich. Fühlen Sie sich wertvoll.

DIE AFFIRMATION

Schreiben Sie für Ihr Unterbewusstsein Merkzettel mit positiven Botschaften: »Ich bin gern reich.« Oder: »Ich lasse Reichtum und Glück in mein Leben.« Oder: »Ich lebe mit Geld in Frieden.« Formulieren Sie Sätze, die Sie glauben. Und sagen Sie sich: »Ich danke für all das Geld und Glück in meinem Leben.«

Norden: Lebensweg + Alltag

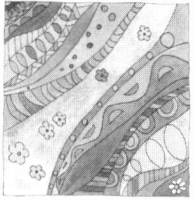

DIE BEDEUTUNG

In diesem Lebens- bzw. Wohnbereich wird aufgezeigt, ob unser Leben im Fluss ist, ob es mit der persönlichen Entwicklung vorangeht oder ob es eine Stockung gibt. Hier sind die Karriereziele und großen Lebenspläne verankert, aber auch das tägliche Leben, das auf Dauer zufriedenstellend verlaufen soll. Wir brauchen die weit gesteckten Ziele, weil sie uns durch die Aufgaben des Alltags tragen, wir brauchen aber auch Kraft der Visionen, die helfen, eben diesen Alltag gelassen und gut zu bewerkstelligen. Die Summe aus vielen kleinen Schritten lässt uns schließlich die großen Ziele erreichen. Dazu gehört, die Freiheit zu haben, das zu tun, was wir tun wollen.

DIE SYMBOLE

Haben Sie das Gefühl, dass Ihre Pläne blockiert sind und Ihr Alltag von diversen Hindernissen gestört wird? Dass ständig etwas dazwischenkommt und Sie Ihre eigentlichen Aufgaben nicht oder nur mit großer Mühe erfüllen? Oder sogar, dass Sie sich jedes Jahr weiter von schönen, großen Zielen entfernen, statt endlich welche zu erreichen? Steuern Sie mit einfachen Mitteln dagegen – mit hellem Licht, aber auch mit den Elementen Wasser und Luft. Diese bringen sehr schnell etwas in Bewegung. Passende Symbole dafür sind ein Zimmerspringbrunnen für das Wasser-Element und ein Mobile für das Luft-Element. Sehr wirkungsvoll ist ferner das Bild eines Weges. Eine Richtung sollte auf diesem Bild zu erkennen sein. Auch ein Bild mit Wellenmuster hilft, das Fließen und damit das Weiterkommen anzuregen.

DER SCHILD

Nutzen Sie für diesen Bereich die Kraft des Schildes »Lebensweg und Alltag«. Jeder Mensch ist anders. Jeder Weg ist anders. Jeder hat seine Farbe, sein Muster, seine Gangart, seine Neigung, sein Gefälle, seinen Anstieg, seine Herausforderungen, seine Talente.

Das Geheimnis ist: Jeder kann zu einem guten Teil seinen Weg selbst gestalten, Blumen darauf wachsen lassen, ihm eine neue Farbe geben oder sich fröhliche Luftblasen einbauen. Zusammen machen wir die Welt attraktiv.

DIE ÜBUNG

Gehen Sie in sich, und machen Sie sich klar, was Sie vom Leben wollen. Soll Ihr Lebensweg eine breite, ruhige Allee sein, auf der sich entspannt spazieren und die ein großes Ziel schon von Weitem erkennen lässt? Wäre Ihnen ein Weg lieber, der sich durch sanfte, grüne Hügel schlängelt und durchaus auch Überraschungen bieten kann? Oder ist es ein Pfad im Dschungel, voller Spannung und Abenteuer, der Sie fordert, aber doch so interessant ist? Würden Sie den steilen Gebirgssteig nehmen, der anstrengend zu klettern ist, aber letztlich ganz nach oben führt? Vielleicht möchten Sie auch auf einem Kahn liegen und sich vom Wind treiben lassen, dabei sogar die Flauten genießen?

Wählen Sie in Ihrem Inneren ein Bild, das Ihrer Wunschvorstellung für Ihren Lebensweg entspricht. Sie können sich frei entscheiden. Trauen Sie sich, Ihren Weg selbst zu wählen, in dem Wissen, dass es Ihnen freisteht, die Art des Weges auch wieder zu verändern.

Wenn Sie möchten, malen Sie nach dieser Meditation Ihr eigenes Wege-Bild – oder suchen Sie sich ein Foto, das diesem entspricht. Dieses Bild ist als Erinnerung für Ihr Unterbewusstsein an Ihren bevorzugten Weg durchs Leben gedacht.

DIE AFFIRMATION

Notieren Sie sich einen Satz, der Ihre Wünsche in Bezug auf den Lebensweg ausdrückt. In etwa so: »Mein Leben ist von Tag zu Tag erfüllter und glücklicher.« Oder: »Es öffnen sich für mich die richtigen Türen zum richtigen Zeitpunkt.« Oder: »Mein Leben ist im Fluss.« Diesen Schriftzug können Sie sichtbar an den Rahmen des ausgewählten Bildes heften oder auch auf die Rückseite dieses Bildes schreiben. Die Wirkung ist da, weil Sie immer daran erinnert werden, wenn Sie dieses Bild sehen.

Süden: Erfolg + Anerkennung

DIE BEDEUTUNG

Lob und Anerkennung tun uns gut. Wir mögen es, dass die Leistungen, die wir tagtäglich erbringen, nicht zur Selbstverständlichkeit, sondern gewürdigt werden. Das Ziel ist es allerdings, davon unabhängig zu werden. Wirklich frei sind wir, wenn wir in unserer Mitte sind, egal, ob wir gerade Lob oder Kritik ernten. Und doch – beides ist auch Ansporn für die Entwicklung. Kritik und Misserfolge regen dazu an, es beim nächsten Mal besser machen zu wollen. Erfolg und Anerkennung geben ein gutes Gefühl und die Überzeugung, dass sich die Anstrengungen gelohnt haben, und machen Lust auf mehr. Stellen Sie Ihr Licht also nicht unter den Scheffel. Seien Sie stolz auf sich. Erlauben Sie sich, dass Ihr Ansehen steigt, dass der Erfolg Ihrer Bemühungen sichtbar wird und dass Ihre Anstrengungen Früchte tragen.

Genauso ist es wichtig, anderen Menschen Anerkennung zu schenken und ihnen für ihren Einsatz zu danken. Anerkennen Sie die Besonderheit anderer und Ihre eigene. Damit locken Sie die Kraft in Menschen hervor, in sich selbst wie in anderen, die es braucht, damit jeder seine Talente leben will.

DIE SYMBOLE

Kerzen und Licht sind die wichtigsten Helfer für diesen Lebensbereich. Zünden Sie sie an mit der Absicht, den Erfolg und die Anerkennung für Ihre Leistungen zu steigern. Ein wirksames Symbol ist eine hoch aufragende Pflanze, denn der Erfolg liegt in unserer Erfahrungswelt oben. Auch Gegenstände in roter Farbe eignen sich gut, um die

Aufmerksamkeit auf sich zu ziehen. Wählen Sie für ein Foto von sich einen roten Rahmen. Beleben Sie damit Ihr Gefühl für den Erfolg, und lenken Sie die Energie genau dorthin. Füllen Sie eine Vase mit prachtvollen Blumen, und stellen Sie sie dazu. Dazu passen auch Zeugnisse, Urkunden oder Pokale, wenn Sie sich darüber freuen. Zeigen Sie, dass Sie stolz sind auf Ihre Leistungen, und lassen Sie sich davon zu noch mehr anspornen. Inspirieren lassen können Sie sich ferner von Meisterwerken anderer Menschen – von Gemälden, Schriften, Kompositionen oder Skulpturen. Damit erkennen Sie andere Größen an und bringen sich in gute Gesellschaft.

DER SCHILD

Wählen Sie hier den Schild »Erfolg und Anerkennung«. Erfolg ist wie eine strahlende Sonne, die unser Leben erhellt. Wir dürfen diese Sonne scheinen lassen. Wir dürfen erfolgreich und stolz auf uns sein. Anerkennung tut uns gut. Wir nehmen sie dankbar und voller Freude an. Unsere Sonne scheint aber auch in Bereiche, in denen gerade keiner applaudiert. Sie scheint einfach so, aus Freude am Erschaffen, aus Freude am Leben.

DIE ÜBUNG

Um Erfolg und Anerkennung auf sich zu ziehen, ist es wichtig, sich selbst ernst zu nehmen. Solange Sie Zögerlichkeit und Unsicherheit ausstrahlen, trauen Ihnen die anderen wenig zu. Üben Sie daher einen festen Stand, üben Sie dies vor dem Spiegel. Stellen Sie sich mit beiden Beinen auf den Boden. Spüren Sie die Erde unter den Fußsohlen. Achten Sie auf Ihre Haltung. Stehen Sie aufrecht. Lächeln Sie sich an. Sagen Sie sich, dass Sie wertvoll sind, unabhängig von Ihrem Tun. Sagen Sie sich aber auch, dass Sie stolz sind auf das, was Sie leisten. Sagen Sie dies erhobenen Hauptes. Sagen Sie auch anderen

Menschen, wenn diese etwas gut gemacht haben – zunächst in Ihrer Vorstellung und später im realen Leben. Danken Sie ihnen. Gründe dafür werden Sie finden, mit der Zeit werden es immer mehr. Dank zieht Dank an.

DIE AFFIRMATION

Sagen Sie »Danke!«. Üben Sie das Danksagen einige Tage lang intensiv, mindestens eine ganze Woche. Danken Sie Ihren Eltern, Ihren Kindern, Ihrer Familie und Ihren Freunden. Danken Sie Ihren Kunden und Kollegen, Ihren Chefs und Mitarbeitern. Danken Sie den Reinigungskräften, den Ordnungshütern, den Bauern, den Dienstleistern, den Politikern. Danken Sie den Bäumen, den Blumen, der Erde, dem Himmel, dem Wind, der Sonne und dem Regen. Danken Sie den Engeln, den Naturwesen, dem Leben an sich. Danken Sie Ihren Lungen, Ihrer Leber, Ihrem Magen, Ihrem Herzen, Ihren Blutgefäßen, Ihrem Gehirn. Danken Sie Gott. Danken Sie auch sich selbst.

Osten: Familie + Tradition

Die Bedeutung

Das, was vor uns war, beeinflusst uns. Unsere Ahnen, unsere Familie, unsere Heimat – von hier geht unser Leben aus. Dazu zählen auch die Traditionen, die unsere Gesellschaft prägen, ferner die Autoritäten, mit denen wir zu tun haben, wie Lehrer und Vorgesetzte. Wenn Sie mit einigen oder allen dieser Themen im Clinch liegen, sollten Sie sich damit auseinandersetzen.

Autoritäten rundweg abzulehnen bedeutet, sich kleiner oder größer zu machen, als man ist. Familie und Traditionen abzulehnen heißt, sich die Wurzeln abzuschneiden. Diese aber würden nährend wirken. Wer die Kompetenz anderer akzeptiert und seine Ahnen respektiert, findet seinen Platz im Team und in der Familie – und kann schließlich selbst zu einer Autorität werden.

Die Symbole

Das Bild eines großen gesunden Baumes mit festem Stamm zum Anlehnen ist genau richtig. Ein starker Baum erinnert daran, dass die Ahnen und die Traditionen eine Stütze bilden, auf die man sich verlassen kann. Diese Kraft lässt sich an Kinder und andere Menschen weitergeben.

Der Baum zeigt, was die Vorfahren eigentlich leisten sollten, nämlich Vertrauen, Verlässlichkeit und Rückhalt zu vermitteln. Das gilt auch dann, wenn sie offensichtlich nicht dazu in der Lage waren. Das muss man ihnen nicht ewig vorwerfen. Gehen Sie davon aus, dass sie getan haben, was sie konnten. Mehr ging eben nicht. Jeder han-

delt doch so. Stellen Sie eine Kerze auf, und zünden Sie sie regelmäßig an. Eine Kerze bringt Licht in ungeklärte Situationen und hilft bei der Versöhnung. Dann können Sie schließlich auch ein Bild aus Ihrer Familie und Ihren Vorfahren dazustellen.

Hilfreich sind ferner Bilder von Menschen und Kulturen, die Ihnen wirklich als Vorbild dienen und die Sie sich als Wahlfamilie auserkoren haben. Mag sein, dass Sie deren Philosophie und Weisheit bewundern, dass Sie deren Werte teilen oder dass Sie ihre Lebensweise für die bessere halten. Vielleicht sind es auch einzelne Menschen, ob Musiker, Forscher oder Yogi. Dann stellen Sie dessen Bild auf. Lassen Sie sich von Größeren inspirieren! Auch dies ist ein Weg, mit Autoritäten umgehen zu lernen und diese Kraft in sich zu entwickeln. Dadurch wachsen auch Teamfähigkeit und Toleranz. Man findet seinen Platz in der Gesellschaft.

DER SCHILD

Lassen Sie den Schild »Familie und Tradition« auf sich wirken. Eine Familie ist wie ein Baum, mit den Ahnen als Wurzeln, mit den Zweigen als Nachkommen. Auch für Menschen, die diese Familie als Wahlfamilie erkoren haben, ist da noch Platz. Zusammen sind sie eine Einheit, fest und tragend. Ob Sonne oder Regen – gemeinsam stehen sie es durch. Trotz aller Gemeinsamkeiten darf und wird sich jeder ein bisschen anders entwickeln und sein Leben auf seine Weise leben, darauf weisen die unterschiedlich gefärbten Blätter hin. Gemeinsam aber sind sie stark.

DIE ÜBUNG

Versöhnung ist der Weg, um Frieden mit der Herkunft zu schließen und schließlich zu einer eigenen Autorität zu werden. Das erfordert, Verantwortung zu übernehmen.

Wer in der Familie große Dramen erlebt hat und mit diesen Menschen gar nicht klarkommt, sollte sie immerhin als Spender des eigenen Lebens anerkennen und nun Frieden mit der Vergangenheit schließen. Söhnen Sie sich mit Ihren Vorfahren aus, weil es Ihre Seele befreit. Begreifen Sie die Vorfahren als Stütze, an die Sie sich anlehnen können, auch wenn die Generation von Eltern oder Großeltern dazu nicht in der Lage war. Stellen Sie sich vor, dass die Reihe Ihrer Ahnen weit zurückreicht, viel weiter, als Sie bisher gedacht haben, wenn Sie mögen, bis in die Steinzeit oder in eine andere Dimension. Sie alle haben gekämpft, geweint und gelacht wie Sie. Und sie haben das Leben weitergegeben. Deshalb sind Sie hier. Lehnen Sie sich in Gedanken an Ihre Ahnenreihe an. Lassen Sie all das Schwere hinter sich. Das ist vorbei. Nehmen Sie stattdessen die Kraft, die Ihre Ahnen zum Überleben entwickelt haben, in sich auf. Dann lösen Sie sich von der Ahnenreihe, gehen drei Schritte nach vorn. Lassen Sie sich von dieser vitalen Energie durchströmen, und fühlen Sie Stärke und Freiheit.

DIE AFFIRMATION

Formulieren Sie einen Satz, der Ihre Situation positiv verändert. Etwa so: »Ich achte, was vor mir war.« Oder: »Ich achte das Leben, das ich von euch habe.« Oder: »Danke für die Kraft, die ich von euch habe. Ich nutze sie weise.« Oder: »Ich spüre meine Kraft.«

Westen: Kinder + Kreativität

DIE BEDEUTUNG

Haben Sie das Gefühl, dass Ihre Arbeit und vielleicht sogar Ihr ganzes Leben zu eintönig und grau sind und dass Ihre fünf Sinne und Ihre Kreativität brachliegen, dann sollten Sie diesen Lebens- und Wohnbereich genauer anschauen. Indem wir das Schöpferische in uns wecken, steigern wir unsere Lebensfreude. Diesen Bereich zu aktivieren, heißt, sich Zeit zu nehmen für das Schöne im Leben, es heißt sinnlich, ideenreich und begeistert zu leben. Neues hat wieder Platz, Zukunftspläne locken.

Zudem lässt sich damit die Versöhnung mit der eigenen Kindheit voranbringen, die Verbindung zum inneren Kind wird inniger und liebevoller. Auch lässt sich der Kontakt zu den eigenen Kindern wie zu Kindern ganz allgemein intensivieren. Sogar der Wunsch nach Kindern erfährt durch die Aktivierung dieses Bereichs eine Veränderung. Er kann sich erfüllen oder auch ein Aha-Erlebnis schenken, das die Einstellung dazu verändert.

DIE SYMBOLE

Gestalten Sie den Bereich »Kinder und Kreativität« so, dass Sie schlagartig entspannen, wenn Sie ihn nur sehen. Das Herz sollte Ihnen aufgehen vor Freude. Es kann romantisch sein, prachtvoll, feierlich oder auch verspielt und fröhlich – ganz wie es zu Ihnen und zu Ihrem inneren Kind passt.

Umgeben Sie sich mit kleinen Spielereien und Schnickschnack, der zeigt, dass das Leben nicht todernst ist, sondern es auch viel zu

lachen gibt. Besorgen Sie sich etwas, das leicht und fröhlich wirkt und gern auch beweglich ist, wie etwa ein Windspiel mit hellem Klang oder ein Mobile. Ihr inneres Kind soll seine helle Freude daran haben.

Kreativ – das ist auch alles, was wächst. Dazu zählen vor allem Pflanzen, besonders üppige, wuchernden Grünpflanzen, und dann natürlich Blühpflanzen in allen Variationen. Allein schon Blumen, locker in eine Vase gestellt, regen die Schöpferkraft an. Lassen Sie herabfallende, verwelkende Blütenblätter ruhig auch einmal liegen, sie zeigen schließlich den gesamten Kreislauf von Werden und Vergehen. Kreativität ist immer etwas Dynamisches, nie etwas Statisches. Verwirklichen Sie Ihre persönlichen Ideen für eine fantasievolle Gestaltung – und lassen Sie Neuerungen wieder Einzug halten in Ihr Leben.

Wenn Sie nicht nur Schöpferkraft und Lebensfreude ganz allgemein anregen wollen, sondern Ihr Thema aktuell mit Kindern zu tun hat – mit Ihrem Kinderwunsch, Ihrem Verhältnis zu Kindern oder mit Ihrem inneren Kind, so wählen Sie hierzu passende Bilder. Spielzeug und von Kindern angefertigte Zeichnungen helfen, die Energie von Kindern anzuziehen.

In der Astrologie steht der Mond für die Gefühle und für Kinder. Sehr wirksam ist daher der Mond als Symbol, ob als Vollmond oder als Mondsichel. Tragen Sie außerdem Mondschmuck – gern auch mit Mondsteinen. Damit wecken Sie weiche liebevolle Gefühle und erschaffen eine fürsorgliche Energie um sich. Diese macht es Kindern leicht, sich bei Ihnen wohlzufühlen.

DER SCHILD

Nehmen Sie zur Aktivierung den Schild »Kinder und Kreativität«. Jeder Mensch ist wie eine Blume, mit einer Sonne im Herzen. Er nimmt

wohltuende Einflüsse aus der Umgebung auf, gibt aber auch etwas Gutes an die Umgebung ab. Etwas Segensreiches und Neues darf sich daraus entwickeln. Seien Sie spielerisch. Probieren Sie vieles aus. Spielen Sie. Lassen Sie Ihre Fantasie blühen.

Die Übung

Suchen Sie Kontakt zu Kindern! Diese sind von Haus aus kreativ, sie sind der ursprünglichste Ausdruck unserer Schöpferkraft. Die Anlage zur Kreativität ist in jedem Erwachsenen noch vorhanden – nur oftmals verschüttet. Den Zugang dazu gilt es zu befreien. Es gibt so viele Kinder und Eltern, die gut etwas Unterstützung gebrauchen könnten. Erlauben Sie sich, generell Kindern einen Platz in Ihrem Leben zu geben. Damit öffnen Sie sich für ein herrliches Gefühl von Zukunft, von Jugend und Heiterkeit. Beginnen können Sie gern mit Ihrem eigenen inneren Kind. Lernen Sie es neu kennen und achten Sie auf seine Bedürfnisse.

Erfüllen Sie sich kleine, verspielte Wünsche. Wecken Sie Ihre Neugier, und probieren Sie etwas Neues aus – eine unbekannte Speise oder eine neue Sportart. Machen Sie einen Ausflug an einen Ort, an dem Sie noch nie waren. Schenken Sie sich etwas Schönes, etwas, das Sie gern hätten, weil es Ihnen gefällt, auch wenn es gerade keinen Zweck erfüllt. Auf all diesen Wegen kommen mit der Zeit immer mehr Leichtigkeit, Spaß und Freude in Ihr Leben.

Die Affirmation

Wecken Sie das Interesse Ihres (inneren) Kindes mit Sätzen wie diesen: »Ich habe dich lieb.« Oder: »Ich bin so froh, dass du da bist.« Oder: »Ab heute haben wir viel Spaß zusammen.« Und öffnen Sie die inneren Türen, um Neues in Ihr Leben zu lassen: »Ich öffne mich für neue Erfahrungen.« Oder: »Ich genieße es, neugierig aufs Leben zu sein.«

Nordwesten: Freunde + Himmel

DIE BEDEUTUNG

Allein durchs Leben zu gehen, ohne Freunde, ohne hilfsbereite Wesen, das ist nahezu unmöglich. Es ist auch nicht so gewollt. Wir Menschen sind eine Gemeinschaft und sollten auch so leben. Anderen zu helfen, sie zu lieben und zu unterstützen ist das eine. Das andere ist, auch mal Unterstützung anzunehmen. Beides gehört zusammen. Wichtig ist die Erfahrung, dass wir im Grunde nie allein sind. Es zeigen sich immer genau die Helfer, die wir brauchen. Manchmal müssen wir sie nur darum bitten. Die Helfer, das sind Freunde und Mitmenschen, aber auch spirituelle Helfer, Elementarwesen und Engel. Der Himmel steht uns offen.

DIE SYMBOLE

Werden Sie sich zunächst darüber klar, was »helfen« für Sie persönlich bedeutet, und finden Sie ein hierzu passendes Symbol. Das können zwei oder mehrere Hände sein, die sich vertrauensvoll ineinander legen. Das kann das Bild zweier Menschen sein, die einander stützen. Auch das Bild einer Gruppe von Menschen, die miteinander tanzen, feiern oder arbeiten, kann das Gemeinschaftsgefühl stärken.

Besonders deutlich wird das Helfen dargestellt durch Bilder oder Figuren von Engeln, unsere allgegenwärtigen Helfer aus dem geistig-spirituellen Bereich. Ebenso können Sie die Elementarwesen anrufen und Figuren von Elfen, Feen oder Zwergen aufstellen. Diese haben viel Sinn für das Zusammenleben und beeinflussen die Gemeinschaft daher positiv. Unauffällig, aber dennoch wirksam, sind

mehrere kleine, freundliche Pflanzen derselben Art, wie etwa Primeln oder Veilchen. Auch eine Gruppe von glänzenden Mineralien und Edelsteinen wirkt wunderbar.

DER SCHILD

Wählen Sie zum Aufbau dieses Bereichs den Schild »Freunde und Himmel«. Manchmal ist es ein einziger Mensch, manchmal sind es eine Handvoll Leute, manchmal ganz viele, die sich als richtig gute Freunde erweisen. Manchmal sind es auch Engel, Naturwesen, Tiere, Blumen oder Bäume. Es gibt so viele Möglichkeiten, helfende Kräfte wahrzunehmen. Ziehen Sie den Vorhang auf, und entdecken Sie die zahlreichen liebevollen Wesen, die Ihnen zur Seite stehen.

DIE ÜBUNG

Gehen Sie mit Ihrer Aufmerksamkeit ins Zentrum Ihres Herzens. Dort ist es warm und hell. Sehen Sie das Licht in Ihrem Herzen. Heben Sie Ihren Blick, und erkennen Sie das Licht in den Herzen der anderen Menschen. Dehnen Sie Ihr Licht langsam aus. Lassen Sie Ihren ganzen Körper davon erfüllen. Dehnen Sie es noch weiter aus, lassen Sie Ihre lichterfüllte Aura riesengroß werden. Stellen Sie sich vor, dass andere Menschen auch gerade ihr Lichtfeld ausdehnen, dass sich die Lichter berühren und gegenseitig verstärken. Stellen Sie sich dazu Engel vor, die mit ihrem Strahlen in dieses Lichtermeer hineinwirken. Wie hell die Welt dadurch wird! Fühlen Sie das Glücksgefühl, das davon ausgeht. Atmen Sie einige Male tief ein und aus, während Sie dieses Bild in sich verankern. Dann lassen Sie Ihr Herzenslicht langsam wieder kleiner werden, vielleicht auch bis in Ihr Innerstes hinein, so, wie es sich für diesen Moment geborgen und richtig anfühlt – wissend, dass Sie es jederzeit wieder ausdehnen und sich mit anderen verbinden können.

DIE AFFIRMATION

Laden Sie unterstützende Kräfte bewusst in Ihr Leben ein: »Ich bitte meine Engel und geistigen Helfer um Unterstützung.« Oder an Engel und Aufgestiegene Meister, Feen und Naturwesen oder Krafttiere gerichtet: »Danke, dass ihr da seid und mich begleitet.« Und in Hinwendung zu anderen Menschen: »Ich sehe das Licht in mir, und ich sehe das Licht in dir.«

Nordosten:
Konzentration + Spiritualität

DIE BEDEUTUNG

Jeder Mensch besitzt eine Art inneres Wissen, eine innere Stimme, die ihm sagt, was für ihn richtig und gut ist und die ihn auch vor Gefahren warnt. Oftmals ist diese Stimme verschüttet, denn in unserer üblichen Hektik bleibt wenig Zeit für die Innenschau. Umso wichtiger ist es, sich einen Ort zu schaffen, an dem dies ganz einfach möglich ist. Die Gefahr von Überlastung und Burn-out ist damit weitaus geringer. Durch die Aktivierung dieses Bereichs können Sie sich besser konzentrieren, leichter lernen und außerdem einen guten Kontakt zum Himmel und zu höheren Wesen aufbauen.

DIE SYMBOLE

Innere Sammlung erreichen Sie am ehesten, wenn Sie die Umgebung so ruhig wie möglich gestalten, also wenig ablenkende Gegenstände hier einbringen. Das gilt vor allem dann, wenn es Ihnen sowieso schwerfällt, sich zu konzentrieren und zur inneren Ruhe zu finden. Verwenden Sie das Bild eines besonderen Berges, der vielleicht sogar als heiliger Berg gilt. Sehr stark wirkt auch das Foto einer heiligen Stätte, einer Quelle, einer Kirche, eines Tempels. Ein großer Stein, hier aufgestellt, vermittelt Ruhe und Festigkeit.

Wunderbar eignen sich natürlich auch Energiebilder, Schilde oder Mandalas. Sie können sie als schöne Meditationsübung sogar selbst malen. Das Betrachten solcher Bilder hilft Ihnen dabei, die Gedanken zu sammeln.

Wollen Sie hier Bücher platzieren, so wählen Sie nur solche, die Ihnen Anregungen geben, den Zugang nach innen zu finden. Auch Bilder und Symbole von Aufgestiegenen Meistern wirken sehr intensiv, genauso religiöse Motive wie ein Kreuz, eine Buddhastatue, ein siebenarmiger Leuchter, ein Sichelmond, ein Mandala, ein indianischer Medizinbeutel oder eine Schale mit Gaben aus der Natur. Weitere Hilfsmittel zur Verstärkung dieses Bereichs sind Kristalle, Steine und Kerzen. Hier können Sie im Grunde alles aufbauen, was Ihnen wichtig und wert ist, ja, was Ihnen heilig ist. Aber Sie sollten eben nicht zu viel davon nehmen, sondern sich für einige wenige Objekte entscheiden. Konzentration lässt sich schließlich leichter erreichen, wenn es wenig anzuschauen gibt und die Augen sich ohne Umschweife auf einen Punkt konzentrieren können. Nehmen Sie also nur so viel, wie es Ihnen guttut.

DER SCHILD

Der unterstützende Schild ist »Konzentration und Spiritualität«. Äußere Einflüsse sind immer da. Trotzdem gibt es einen Ort in Ihrem Inneren, in den Sie sich zurückziehen können, der von allem Trubel abgeschirmt ist, der nur für Sie da ist. Es ist ein Erholungsort für Ihre Seele. Hier können Sie sich sammeln, hier kann Ihre Herzensblume gedeihen, hier können Sie regenerieren, hier können Sie Kontakt aufnehmen zu Ihrem Höheren Selbst, zu allem, was Ihnen heilig ist, zu den Kräften des Himmels und der Erde. Fühlen Sie sich beschützt und beschirmt, während Sie sich in sich zurückziehen.

DIE ÜBUNG

Laden Sie durch die Auswahl Ihrer Symbole höhere Wesen ein. Die Absicht ist es ja, mit der Entwicklung der Spiritualität menschliche Zwänge zu überwinden und eine höhere Ebene zu erreichen. Jeder

Mensch hat jedoch andere Antennen und findet seinen persönlichen Zugang. Suchen Sie den Zugang zu dem göttlichen Wesen in Ihrem Inneren auf Ihre Weise. Das kann sein, dass Sie die Augen schließen und der Ruhe in sich selbst lauschen, dass Sie sanfte Klänge hören, um den Abstand zum Alltag zu beschleunigen, oder dass Sie sich mit einem konzentrationsfördernden Duft einhüllen. Schauen Sie in die Flamme einer Kerze. Betrachten Sie lange und mit Muße ein Bild oder eine Blume. Setzen Sie sich in Meditationshaltung, oder wählen Sie eine Yoga-Stellung, und üben Sie sich im Schweigen. Sagen Sie ein Gebet, oder singen Sie ein Mantra. Halten Sie achtsam einen besonderen Gegenstand in der Hand, wie einen Rosenkranz, einen Edelstein oder eine Gebetskette.

Probieren Sie verschiedene Wege aus, und lassen Sie sich von Ihrem Gefühl leiten. Sie werden Ihre Tür finden. Auch wenn sie verborgen ist, sie ist da. Den Schlüssel dazu haben Sie!

DIE AFFIRMATION

Prägen Sie sich heilende Sätze ein, die den Kanal zur geistigen Welt offen halten: »Ich fühle die göttliche Kraft in mir.« Oder: »Ich nehme Inspirationen dankbar an und lerne leicht.« Oder: »Ich weiß mich aufgehoben im Universum.« Oder: »Ich erlaube mir Wunder.«

TEIL 4
ZUR RICHTIGEN ZEIT

ZEITQUALITÄT

Für jeden Gegenstand, mit dem man wohnen möchte, den richtigen Platz zu finden, ist eine gute Basis, um eine höhere Ordnung und damit Harmonie ins Leben zu bringen. Ein weiterer Punkt ist es, sich um die richtige Zeit zu kümmern. Denn Ort und Zeit machen das Leben in den irdischen Dimensionen aus.

Nicht immer läuft alles glatt im Leben. Zuweilen erscheint jegliche Anstrengung wie ein sinnloser Kampf gegen Windmühlenflügel. Sollen wir dies als Zeichen zum Aufgeben werten? Eher nicht. Besser ist es, zu akzeptieren, dass wir in bestimmten Zeiten tatsächlich nichts tun können. Wir müssen abwarten und zusehen, wie die Dinge sich entwickeln. Zur falschen Zeit die gesamte Energie in ein Projekt zu stecken, und sei es noch so wohl durchdacht und gut gemeint, das ist vergeudete Kraft. Zur richtigen Zeit dagegen können wir das Unmögliche möglich machen, wenn wir an uns glauben und die Verwirklichung unserer Träume angehen.

Wann aber ist wofür die richtige Zeit? Wann ist es Zeit anzupacken, wann ist es Zeit, etwas geschehen zu lassen? Bei der Alltagsgestaltung ist es zweckmäßig, alles das zu tun, was gerade anfällt, ohne groß darüber zu sinnieren. Wer auch hier gern strukturiert arbeitet, kann sich einen genauen Terminplan anlegen oder etwa einen Mondkalender zurate ziehen. Bei größeren Vorhaben ist es eine wertvolle Hilfe, die grundlegende Zeitqualität im Hinterkopf zu haben und zu berücksichtigen. Um dazu in der Lage zu sein, haben die Menschen in nahezu allen Teilen der Erde schon immer die Jahreszeiten und ihre Auswirkungen auf das Leben beobachtet. Dadurch stellten sie Wiederholungen und Zusammenhänge fest und konnten schließlich auch Vorhersagen treffen. So ist das Wissen um die Wirkung der Planeten und Sterne entstanden. Nicht zufällig haben große Staatenlenker, Könige und Fürsten in früheren Zeiten Seher befragt, um den besten Zeitpunkt zu finden – für den Beginn von Feldzügen, für die Gründung einer Stadt, für einen bedeutenden Vertragsabschluss oder eine wichtige Hochzeit.

Unsere Vorfahren haben das Jahr strukturiert und es in vier Jahreszeiten und zwölf Monate eingeteilt. Dies war insbesondere für den Ackerbau von Bedeutung. Mit diesen wiederkehrenden Zeitqualitäten, die dem Jahr eine leicht zu begreifende Struktur gaben, verschafften sie sich einen ausgezeichneten Überblick, was sie wann zu tun hatten.

Doch auch bei diversen anderen Tätigkeiten ist es hilfreich, auf die Zeitqualität zu achten. Das gilt selbst in unserer scheinbar so naturfernen Generation. Jeder Monat hat seine ganz eigene Energie. Wer sich darauf einlässt, wird im Lauf der Zeit ein gutes Gespür entwickeln und wissen, ob es besser ist, abzuwarten oder sich mit ganzer Kraft einzusetzen.

Wenn Sie bisher überwiegend schlechte Erfahrungen gemacht haben, dann haben Sie vielleicht zur falschen Zeit etwas begonnen und damit Schiffbruch erlitten oder günstige Gelegenheiten einfach verpasst. So bitter solche Erlebnisse gewesen sein mögen – es steht Ihnen frei, ab sofort einen neuen Lern- und Erfahrungsweg einzuschlagen. Achten Sie in den nächsten Monaten genau auf die Wahl des richtigen Zeitpunkts, wenn Sie Ihren Lebenskurs korrigieren wollen. Kämpfen Sie nicht gegen das Schicksal, wenn es Sie zum Innehalten aufruft, sammeln Sie dann einfach Kraft, damit Sie auch beherzt zugreifen können, wenn »Ihre Zeit« wieder gekommen ist.

Sich von der Zeitqualität tragen zu lassen, ist sinnvoll, denn damit sind die Aktivitäten mit weniger Aufwand verbunden. Es ist eine erhellende und bereichernde Erfahrung, diese besonderen Kräfte einmal in Reinform wahrgenommen zu haben. Danach können Sie die speziellen Energien der Monate nutzen, wann immer Sie sie benötigen.

Wenn Sie etwa während des Jahres einmal mit wichtigen Entscheidungsfragen zu tun haben und ein dringender Klärungsbedarf in einem Bereich ansteht, dann können Sie sich die spezielle Januar-Energie, die dafür zuständig ist, in Ihrer Vorstellung herbeiholen. Verbinden Sie sich meditativ mit der Zeit von Eis und Kälte, von Ruhe und Klarheit. Damit stellen Sie sich auf diese aufs Wesentliche reduzierte Zeit ein. In dieser inneren Haltung kann es leichter gelingen, das wirklich Wichtige zu erfassen und es vom Unwichtigen zu trennen. So können Sie Ihre Entscheidung mit großer Klarheit und Übersicht treffen.

Wenn Sie sich ausdehnen und Ihre Talente und Güter mehren wollen, eignet sich etwa die Energie im August perfekt dazu, diese Kraft in sich zu wecken und ins Leben zu ziehen. Verbinden Sie sich, auch wenn gerade nicht August ist, meditativ mit Sommersonne und Überfülle – und stellen Sie damit Ihr System auf Wohlstand und Wert ein.

Spannend ist es dazu, die Bagua-Bereiche der Qualität der einzelnen Monate zuzuordnen. Auch dadurch ergibt sich eine gute Struktur. Die neun unterschiedlichen Lebensthemen lassen sich sehr gut in die zwölf Monate integrieren, sodass Sie jeden Monat einen Bereich intensiv bearbeiten können. Einige Bereiche werden sogar zweimal aufgegriffen und lassen damit noch einen weiteren Aspekt des jeweiligen Themas zu. Insgesamt brauchen Sie dann zwar ein ganzes Jahr für alle Bagua-Wohn- und Lebensbereiche, dafür haben Sie aber für jeden einzelnen Bereich richtig viel Zeit. Die Ergebnisse sind es wert!

Zusätzlich können Sie sich auch hierbei von Schilden unterstützen lassen. Schlagen Sie dazu in jedem Monat den passenden Schild auf, um sich und Ihre Umgebung mit dieser Kraft aufzuladen – quasi als Hintergrundinformation für diese Zeit. Sie können die Bilder auch ausschneiden oder kopieren und ausdrucken. Oder Sie machen ein Handyfoto und tragen den Schild des Monats auf diese Weise bei sich. Sie können alle Schilde aus dem Farbteil zudem kostenlos im pdf-Format herunterladen; den Download-Link finden Sie auf der entsprechenden Produktseite unter www.mankau-verlag.de.

Lassen Sie die Farben und Formen auf sich wirken. Ihr inneres Kind wird sich angesprochen fühlen und die feinen energetischen Anregungen für Ihr Bewusstsein aufnehmen.

Allein das Anschauen und Meditieren löst die jeweilige Qualität aus und macht es leichter, sich damit zu verbinden. Das funktioniert auch sehr gut, wenn Sie sich außerhalb dieser Phase mit der jeweiligen Energie aufladen wollen.

Januar: Zeit der Klarheit

Mitten in eine geheimnisvolle Zeit fällt der Jahreswechsel. Es ist die Zeit der Rauhnächte, die in den Tagen um die Wintersonnenwende ihren Anfang nehmen. Wenn die Sonne um den 21. Dezember ihren tiefsten Stand erreicht hat, sind die Kräfte der Natur maximal nach innen konzentriert. Es sind die kürzesten Tage und längsten Nächte des Jahres. Genau zu diesem Zeitpunkt aber wendet sich das Blatt. Das Licht wird neu geboren. Ab jetzt geht es aufwärts.

Allerdings ist die Zunahme an Licht und Leben in den ersten Tagen noch nicht sichtbar. Der Glaube daran kann daher schwanken und anfällig für Zweifel sein. Genau da setzen die finsteren Mächte an, die wilden Geister der Rauhnächte. Die »wilde Jagd« der Dämonen zieht über das Land, heulend, ächzend, johlend. Als unberechenbar und gefährlich wird diese Zeit dann auch empfunden.

Im »richtigen Leben« sind es jetzt ungute Witterungsverhältnisse, die uns das Leben schwer machen – Wind, Kälte, Schnee und dazu endlose, dunkle Nächte. Wir gehen kaum noch ins Freie. Unsere Drüsen und Chakren empfangen wenig Licht. Düstere Seelenstimmungen setzen uns zu. Schwierigkeiten werden wichtiger genommen, als sie sind. Licht und Leichtigkeit fehlen. Alles erscheint schwer und belastend. Der Sage nach breiten sich Druden, Kobolde und böse Geister mit Vorliebe in Dunkelheit und Unrat aus, überall dort, wo etwas in Unordnung ist. Hiervon tummelt sich eine ganze Menge auch in uns. Jedes kleine, ungute Erlebnis lässt sich zu einem riesigen Problem aufblasen. Dazu wollen uns die düsteren Geister jetzt verführen. Daher sollten wir gerade in diesen Wochen gut auf uns achten.

In alten Erzählungen heißt es, dass während der Rauhnächte keine Wäsche gewaschen werden solle, auch das Spinnen und Flicken solle man unterlassen – heutzutage wohl das kleinere Problem. Der Hintergrund dieser überlieferten Tabus ist, sich einmal nicht mit den alltäglichen Aufgaben zu beschäftigen. Es ist Zeit für Einkehr, für Innenschau, Zeit, um sich neu zu orientieren. In dieser Phase des Jahres ist Pause. Die Luft wird angehalten. Die Kräfte sammeln sich, bevor es wieder losgeht. Eine Rückschau auf das vergangene Jahr ermöglicht es uns, Bilanz zu ziehen und uns neu zu ordnen. Wie in den allgemeinen Jahresrückblicken die wichtigen und bewegenden Ereignisse des Jahres nochmals angeschaut und damit aufgearbeitet werden, so sollten wir dies auch in unserem eigenen Leben tun – Ereignisse anschauen und sie damit verarbeiten und loslassen.

In der Silvesternacht schließlich wird das alte Jahr mit viel Getöse, mit Feuerwerk und Böllern verabschiedet. Der Lärm soll nicht nur das alte Jahr, sondern auch die bösen Geister vertreiben. Am Ende der ersten Januarwoche, also etwa zwei Wochen nach Beginn der Rauhnächte, ist es schon deutlich, dass die Tage ein klein wenig länger geworden sind. Das Licht hat gesiegt, die wilden Geister haben sich verzogen. Zum Zeichen dafür wird traditionell in Haus und Hof geräuchert – das ist auch heute noch eine gute Idee.

Idealerweise können wir die Rauhnächte, diese besondere Zeit zwischen den Jahren, also dazu nutzen, um uns von innerem Unrat zu reinigen und Altes und Verbrauchtes zu verabschieden. Bevor etwas Neues beginnen kann, gilt es, auszusortieren und Platz zu schaffen. Das gilt für Dinge genauso wie für Gedanken und Gefühle. Alles, was wir nicht mehr brauchen, können wir nun loslassen.

Tragen wir alles weiterhin mit uns, könnte es sich bald sehr schwer anfühlen. Halten Sie doch nur mal einen faustgroßen Stein eine Zeitlang in der Hand. Anfangs ist er gar nicht so schwer, doch

nach ein oder zwei Stunden wird er zur unerträglichen Last. Hinzu kommt, dass wir die Hand nicht frei haben, um etwas anderes damit zu tun.

Mit Gefühlen und Gedanken ist es nicht anders. Sie können uns belasten und mit der Zeit immer schwerer werden. Wenn sie uns vereinnahmen und unsere gesamte Aufmerksamkeit beanspruchen, halten sie uns ab von anderen Aufgaben, die viel wichtiger und schöner sein können, als die alten Ressentiments festzuhalten.

Die Natur im Januar zeigt uns mit Eis und Frost sehr genau, worauf es ankommt – auf das Klären und Reduzieren. Sie lehrt uns, mit Wenigem zurechtzukommen. Wir müssen uns einschränken und das, was wir haben, einteilen. Auch im Leben gibt es Phasen, in denen wir mit Mangel konfrontiert werden. Dann gilt es zu lernen, mit Wenigem zurechtzukommen und uns einzuschränken. Damit wird uns gezeigt, wie schwer und hart das Leben auf der Erde sein kann, welche Wucht dahintersteckt und wie sich Erstarrung anfühlt. Wir erfahren aber auch, wie wertvoll Wurzeln und Festigkeit sind.

Die besondere Energie im Januar fordert uns also auf, unsere Vorhaben zu sortieren und den Blick für das Wesentliche zu schärfen. Dazu zählt, sich klarzumachen, dass nicht alles und immer im Überfluss da ist und dass Tod und Ende auch ein Teil des Lebens sind, gar nicht unähnlich der Geburt. Unbegrenztes, wucherndes Wachstum ist gerade nicht zu haben, Klarheit und Reinheit dagegen schon.

Um Ende und Neuanfang gleichermaßen anzunehmen, braucht es innere Ruhe und Zuversicht. Die klare Januar-Energie hilft, die Übersicht zu behalten – auch in unsicheren Zeiten. Diese Haltung sollte die Grundlage für unsere Entscheidungen sein. Entschlüsse fallen leicht und sind tragfähig, wenn vorher Ordnung geschaffen wird. Ein klarer Verstand ist dazu nicht der schlechteste Ratgeber. Er hilft, sich aus emotionalen Verstrickungen zu befreien.

Machen Sie dazu eine kleine Übung, die Ihnen hilft, sich von Unnützem zu verabschieden. Schauen Sie sich in Ihrer Wohnung um. Welcher Gegenstand stört Sie schon lange? Ist es ein Gemälde, eine Kommode, ein Teppich? Hängen Erinnerungen daran, die Sie quälen, jedes Mal, wenn Sie dieses Teil anschauen? Finden Sie solch einen Gegenstand in Ihrem Fundus, befreien Sie ihn von den Erinnerungen. Ihr Verstand weiß es längst, doch machen Sie es sich jetzt nochmals klar: Das Gemälde ist nur ein Gemälde, die Kommode nur eine Kommode und der Teppich nur ein Teppich. Die zusätzliche Bedeutung haben Sie hineingelegt. Mit dieser Erkenntnis trennen Sie das Erlebte von der Materie. Beräuchern Sie den Gegenstand mit Weihrauch, um ihn energetisch zu reinigen. Schenken Sie ihm dann ein freundliches Lächeln, eines, das aus dem Herzen kommt, und wenn Sie können, lächeln Sie auch der Vergangenheit zu. Frei ist jetzt nicht nur der Gegenstand, sondern vor allem Sie selbst. Danach entscheiden Sie, ob Sie den Gegenstand befreit behalten oder ob Sie ihn verschenken, verkaufen oder verschrotten. Lassen Sie Ihrem Entschluss Taten folgen.

Wenn Sie im Januar die Bagua-Bereiche bearbeiten, so nehmen Sie sich den Bereich im Nordosten vor, »Konzentration und Spiritualität« (→ Seite 130 ff.). Hier können Sie aufräumen und sortieren. Die Klarheit, die Sie hier hineinbringen, strahlt auf Ihr ganzes Leben aus. Es gelingt Ihnen damit, Zusammenhänge zu erkennen und vieles von höherer Warte aus zu sehen. So lassen sich klare und tragfähige Entscheidungen treffen, die weit in die Zukunft hinein von Bedeutung sind. Sie können Ziele für sich finden, die Ihre Seele glücklich machen.

Ein weiterer Bereich, den Sie sich vornehmen können, ist »Lebensweg und Alltag« (→ Seite 115 ff.). Gerade wenn wichtige Entscheidungen in den ganz normalen Lebensthemen anstehen, kann Sie Klarheit in diesem Bereich gut unterstützen. Dadurch lassen sich Hintergründe aufdröseln, sodass Sie schließlich sachlich und klar Ihre Wahl treffen können.

Meditative Gedanken zum Schild »Januar: Zeit der Klarheit«

Klar erkenne ich meine Ziele und treffe wegweisende Entscheidungen. Mit Freude gehe ich meinen Weg. Dieser kann ganz anders sein, als es von mir erwartet wird, aber es ist mein Weg. Ich stehe dazu und gehe ihn gern.

Februar: Zeit der Wunder

Kaum ein Monat eignet sich so schön wie der Februar, um die Intuition sprudeln zu lassen. Reiche Möglichkeiten eröffnen sich. Es ist nun Zeit, um sich für Eingebungen zu öffnen, Veränderungen und sogar Wunder zuzulassen. In der Natur nehmen wir ebenfalls eine ungeheuer schöpferische Qualität wahr: Es wird vorbereitet, was sich in Kürze zeigen wird. Zarte Ansätze sind schon da. Alles scheint möglich. Alles ist möglich.

Nicht zufällig fallen die Faschings- und Karnevalstage in den Monat Februar. Da darf nicht nur das Wetter verrückt spielen, da darf auch ein Bäcker zum Prinzen werden und ein Richter zum Piraten. Andere Gesichter werden hervorgeholt. Es ist ein spannender, ereignisreicher und reizvoller Monat – voller Überraschungen, voller Möglichkeiten und auch voller Wunder.

Die großen Ziele, die das Jahr über erreicht werden sollen, stecken die meisten Menschen zum Jahresbeginn ab. Darin geht es mal um den Job, mal um Vorhaben in Bezug auf Haus und Familie, oft um die Hobbys oder auch um das Zeitmanagement im Alltag. Doch das Leben ist wandelbar. Da mag man noch so zielstrebig den beruflichen Aufstieg planen, den Hausbau detailliert veranlassen oder die Familiengründung für dieses Jahr ins Auge fassen – das Schicksal spielt mit eigenen Karten. Das heißt, es kann etwas dazwischenkommen. Pläne können durchkreuzt werden. Solche Überraschungen sind jedoch nicht gleichbedeutend mit Unglück. Eine ungewollte und ungeplante Veränderung kann sich letztlich als Segen erweisen. Manche Wendungen können sogar sehr lustig sein und den Alltag spannend

machen. Entscheidend bei der Bewertung ist sehr oft nur die persönliche Einstellung dazu.

Nun kann allerdings nicht jeder gleich gut mit Veränderungen umgehen. Sind sie selbst gewählt, fällt es noch recht leicht, dazu zu stehen. Auch in der positiven Auswirkung klappt das noch recht gut. Mit einem plötzlichen Gewinn, einer unerwarteten Zusage oder einer nicht vorhersehbaren Zuwendung können wir gut umgehen. Chancen lassen sich normalerweise leichter integrieren als Blockaden, Verluste und Absagen. Schwieriger ist es also, wenn wir mit Veränderungen konfrontiert werden, die wir uns so nicht ausgesucht hätten. Werden sie uns von anderen Menschen oder vom Schicksal aufgezwungen, ist es weitaus schwerer, damit klarzukommen. Auf Änderungen, die sie selbst nicht wollten, reagieren die meisten Menschen erst einmal eher misstrauisch. Sie sorgen und ängstigen sich. Sie könnten ja etwas verlieren. Oder sie ärgern sich und lehnen sich empört gegen die neue Situation auf. Nur wenige bleiben gelassen. Noch weniger schaffen es, die Richtung zu wechseln und hoffnungsvoll zu sagen: »Okay, es wird anders – und wer weiß, vielleicht wird es besser als zuvor.«

Meist stresst es, die eigenen Zukunftspläne durchkreuzt zu sehen. Das ist nur menschlich. Denn wir lieben es nun mal, Pläne zu schmieden und uns auszumalen, wie alles werden soll. Wir möchten die Kontrolle haben über das, was ist, was war und was sein wird. Deshalb schließen wir ja auch Verträge und Versicherungen ab. Wir wollen das Leben im Griff haben. Das funktioniert erfahrungsgemäß aber nur zeitweise. Dann funkt wieder das Schicksal dazwischen, und alles ist anders. In manchen Phasen ist das extrem: Beinahe täglich tauchen neue Hiobsbotschaften auf, wir können kaum noch Schritt halten. Wir fürchten, die Bodenhaftung zu verlieren. Wir müssen lernen, wie es sich anfühlt, verlässliche Strukturen aufzugeben.

Uns wird aber auch gezeigt, wie schön das Fliegen ist. Es fühlt sich gefährlich an, ist aber auch herrlich leicht und frei.

Verhindern lassen sich die grundlegenden, nicht selbst gewählten Veränderungen nicht. Sie gehören zum Leben dazu, zu den Erfahrungen, die wir machen. Doch auch damit lässt sich lernen, klug umzugehen. An ihnen trainieren wir unsere Kräfte, unsere Intuition, unseren Mut, unsere Liebe. Wir wachsen daran. Im Grunde sind diese ungeplanten Ereignisse dazu da, um unseren Erfindungsgeist, unsere Spontaneität und geistige Frische, aber auch unsere Ausdauer und unsere Zielstrebigkeit zu testen und zu stärken. Manchmal dienen sie auch dazu, uns von einem falschen Ziel abzuhalten. Wir bekommen durch die Zäsur die Chance einer Richtungsänderung – oder müssen durch unsere Zähigkeit beweisen, dass wir unsere Vorhaben wirklich wollen. Diese Einsicht lässt die Bereitschaft wachsen, um offen darauf zuzugehen. Schließlich können wir sogar Freude daran finden. Das Ungewohnte, Überraschende ist es doch, was wir oft noch nach Jahren erzählen, was dem Leben Pfeffer gibt und den Alltag funkeln lässt. Im Rückblick erkennen wir, dass gerade solche Ereignisse wie ein Wunder in unser Leben eingegriffen haben.

Hilfreich ist die Erkenntnis, dass es sich im Grunde um eine ganz bestimmte Energie handelt – sie zeigt sich nur gerade von ihrer schwierigen Seite. Ein Gedankenspiel mag dabei helfen, mit ungeplanten und auf den ersten Blick negativen Veränderungen leichter umzugehen.

Stellen Sie sich nacheinander Eigenschaften vor, die als negativ gelten, wie diese: aggressiv – sprunghaft – träge – versteinert – eigensinnig. Finden Sie weitere Eigenschaften, die Sie gerade gar nicht mögen, bei sich oder bei anderen.

Dann dehnen Sie Ihre Wahrnehmung aus. Erkennen Sie, dass es überzogene Wirkungen einer ganz bestimmten Energie sind. Aggressivität ist eine übersteigerte Form des Tatendrangs. Sprunghaftigkeit kommt von Vielfalt. Trägheit hat mit Entspannung zu tun. Versteinerung ist übertriebene Festigkeit. Eigensinn hat mit Entscheidungskraft zu tun.

Lassen Sie in Ihrer Vorstellung die Ur-Energie der jeweiligen Eigenschaft aufleuchten. Strahlen Sie diese wie mit einem Scheinwerfer an, sodass sie weithin sichtbar wird, sichtbar und verlockend. Hier ist die eigentliche Kraft zu finden, hier ist der Schlüssel zur Lösung. Wenn Sie Ihren bewussten Blick dort hinlenken, wird es Ihr Unterbewusstsein auch tun. Andere Menschen ziehen nach. Denn Sie wissen ja: Die Energie folgt der Aufmerksamkeit

Dies ist ein Schritt hin zu einer Einstellung, die in einer Haltung der inneren Balance abwarten und beobachten lässt. Dann öffnet sich die Tür, sodass Sie neue Entwicklungen und Veränderungen, ob sie nun gewollt waren oder nicht, von ihrer glanzvollen und bereichernden Seite wahrnehmen können. Sie sind in der Lage, sie als Wunder zu sehen.

Trainieren Sie Ihren Umgang mit Überraschungen noch in anderer Weise, gerade im Februar. Von seiner Prägung her eignet sich dieser Monat besonders gut dafür – nicht nur im ungewohnten Outfit der Faschingstage. Die besondere Energie dieser Zeit lässt sich auch im Alltag kreativ nutzen, denn jetzt fällt es leichter, von seinen festgefügten Bahnen abzurücken. Jetzt lässt sich ganz leicht, und ohne dass das Schicksal einen Bruch einleiten muss, ein neuer Weg ausprobieren.

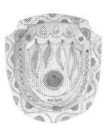

Nehmen Sie einen Ihrer eingefahrenen Abläufe, und gestalten Sie ihn anders als gewohnt. Das können kleine Rituale sein, die sich beim Aufstehen oder Nachhausekommen eingeschliffen haben, das können Essgewohnheiten sein, Ihre Art, die Kollegen zu begrüßen oder Ihr Zusammensein mit der Familie. Machen Sie es anders als gewohnt.

Probieren Sie die Kraft des aktiven Veränderns auch in Ihrem Zuhause aus. Stellen Sie die Deko um. Rücken Sie Möbel. Planen Sie die Aufteilung Ihrer Zimmer neu, oder entwerfen Sie eine andere Farbgestaltung für Wände und Vorhänge. Setzen Sie eine Diskussion darüber in Gang. Befragen Sie Ihre Familie und Mitbewohner, Ihre Besucher und Freunde. Entwerfen Sie gemeinsam neue Ideen. Veranstalten Sie ein Brainstorming. Denken Sie kreuz und quer, und lassen Sie alles zu.

Nehmen Sie sich inmitten der Februar-Energie den Bagua-Bereich im Nordwesten vor: »Freunde und Himmel« (→ Seite 127 ff.). Seine Gestaltung gelingt jetzt besonders gut. Lassen Sie Ihre eigene Intuition fließen und unbedingt auch Ideen, Gedanken und Einflüsse anderer Menschen gelten. Eine Idee von außen kann den entscheidenden frischen Wind für eine Veränderung mit sich bringen.

Machen Sie es aus Interesse an den Mitmenschen, um deren Welt kennenzulernen und das Zusammenleben fließender werden zu lassen. Machen Sie es aus Interesse an sich selbst, um die eigenen Erfahrungen zu bereichern. Und machen Sie es aus Interesse am Leben selbst. Denn wie die Natur in jedem Jahr die Pflanzen immer ein bisschen anders wachsen lässt, so können auch wir Menschen freiwillig und mit Spaß etwas Neues zulassen und uns damit verändern. Das tut uns gut und hält uns frisch. Öffnen Sie sich im Februar für neue Wege, öffnen Sie sich für Wunder, und lassen Sie die Ideen nach Herzenslust sprudeln – für alle Herzen.

Meditative Gedanken zum Schild
»Februar: Zeit der Wunder«

Meine Sensibilität ist meine Stärke. Ich nehme intensiv wahr. Ich spüre die Verbindung – zu den Menschen, den Tieren, den Pflanzen, den Sternen. Ich lasse mich inspirieren. Und ich inspiriere andere. Denn wir sind alle miteinander verbunden.

März: Zeit der Fantasie

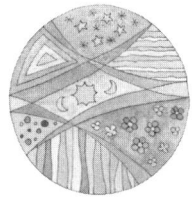

Der Frühling ist noch nicht gebongt. Kalte und schneereiche Tage kann es im März noch reichlich geben. Und doch ist das Gefühl dazu anders als etwa im Spätherbst. Allein das Wissen darum, dass der Frühling schon ganz nah ist, macht beinahe jedes Wetter erträglich. Vielleicht ist es diese Gewissheit, die uns im März eine so unbeirrbare Zuversicht verleiht. Das Jahr ist noch jung, alles fängt gerade erst an. Passend zu der besonderen Energie dieses Monats ist die Lust am Kreieren. Die Ziele sind gefasst und korrigiert, jetzt geht es ans Ausmalen der Pläne. Dies ist vergleichbar mit der Phase des Halbschlafs, kurz vor dem Aufwachen am Morgen. Luzides Träumen ist möglich, das heißt, mit dem Bewusstsein lässt sich in die Traumhandlungen eingreifen. Der Zugang zur Welt der Fantasie steht offen. Wünsche werden erfüllt in dieser Zeit des Erwachens.

Die typische Energie im März ist voller Fantasie und gutem Gespür. Manche vermögen jetzt, hinter die Schleier zu sehen, und werden ihrer inneren Stimme gewahr. Vielleicht ist es das Wetter, das den Frühling verspricht, aber noch nicht zeigt, das diese hoffnungsvolle Stimmung in den Menschen auslöst. Der März lädt dazu ein, die kreativen und schöpferischen Seiten in sich zu entdecken, um sie dann in Tatkraft und Unternehmungslust umzusetzen.

Im Alltag locken die Aktivitäten. Oft zeigen sie sich nur als Idee, doch sie beginnen, langsam Formen anzunehmen. Was darf es werden? Wir können die Wohnung umstylen, uns die Haare färben lassen, wir können Radieschen pflanzen, einen Sprachkurs buchen, uns im Sportpark anmelden und sogar ein Hobby zum Beruf machen.

Unendlich viele Möglichkeiten stehen uns offen. Eine eigenartige Aufregung durchströmt alle Zellen. Der Energiepegel steigt, die Sinne erwachen. Immer mehr macht sich Aufbruchsstimmung breit. Bald kann es losgehen. Mal denken wir in die eine, mal sinnieren wir in die andere Richtung. Eine spannende Zeit, der März.

Der Umgang mit diesen zahlreichen Möglichkeiten ist jedoch höchst unterschiedlich. Die eher aktiven Charaktere lieben es, wenn etwas los ist oder wenn sie selbst etwas losmachen können. Ihr Naturell prädestiniert sie geradezu, jede Art von »action« toll zu finden. Ihr Potenzial liegt tatsächlich in ihrer riesigen Unternehmungslust. Ihre Falle liegt darin, dass sie zu vieles anfangen und sich damit verzetteln.

Die eher passiven Charaktere lassen sich weniger von äußerem Trubel mitreißen. Sie wollen gar nicht pausenlos aktiv sein. Sie verstehen es, Anregungen erst einmal auf sich wirken zu lassen und in ihrem Inneren zu einem glitzernden Bild werden zu lassen. Ihre Stärke liegt in dieser entspannten Gelassenheit und in ihrer ausgeprägten Fähigkeit, die Bilder ihrer Fantasie wahrzunehmen. Ihre Falle besteht darin, dass sie zu lange in der Kontemplation verharren und so den Zeitpunkt versäumen, aus den Anregungen etwas Gutes für sich zu machen.

Spannend ist, dass sich die Lösung für beide Seiten ähnelt: Wer sich den aktiven Charakteren zugehörig weiß, sollte in Zeiten der März-Energie nicht zu vieles gleichzeitig anfangen, sondern aus den vielen Angeboten einige wenige wahrnehmen und nur diese durchziehen. Wer sich den passiven Charakteren nahe fühlt, sollte nicht von allerlei Möglichkeiten träumen, sondern aus den vielen Angeboten einige herauspicken, diese dann aber auch umsetzen.

Ob Sie nun dazu neigen, zu viel oder zu wenig zu machen – die Kunst besteht jeweils darin, nur jeweils einige wenige Themen für

sich auszuwählen. So kann diese Zeit des Träumens und Drängens ein segensreicher Aufbruch für alle werden.

Dazu gilt es herauszufinden, was man selbst wirklich will und braucht. Denn wenn das Ziel klar und verlockend ist, dann ist auch die Energie zur Umsetzung in ausreichendem Maße vorhanden. Zunächst gilt es, den Zugang zur inneren Stimme zu finden, um das Ziel überhaupt klar benennen zu können. Über Meditation und Innenschau lässt sich dieser Zugang herstellen. In dieser Situation der Ruhe können die Bilder der Seele kommen.

Hier, in Ihrem Inneren, in diesem wundervollen Reich der eigenen Welt, ist das Zentrum der Kreativität. Wenn Sie lohnende Ziele entdecken möchten, können Sie sich auf eine innere Reise begeben. Auch wenn Sie auf der Suche sind nach einem neuen Projekt, nach einer Vorstellung, wie Sie Ihre Ideen umsetzen können, oder nach etwas, das Ihr Leben bereichern könnte, dann ist jetzt die richtige Zeit, um dieses schöne Ziel in sich selbst zu finden. Lernen Sie Ihre Innenwelt noch besser kennen. Eine Meditation kann helfen, die anstehenden Ziele und Wünsche klarer zu machen. Dann steht Ihnen die gesamte Frühlingsenergie zur Umsetzung zur Verfügung.

Die Schatzsuche – eine Kreativmeditation

Nehmen Sie sich ein paar Minuten Zeit, in der Sie sich ungestört fühlen. Ein Duftöl und leise Musik können Sie begleiten. Setzen Sie sich entspannt hin, und schließen Sie die Augen. Lassen Sie Gedanken vorüberziehen, ohne an ihnen festzuhalten. Sagen Sie ihnen, dass Sie sich nach der kleinen Übung wieder mit ihnen beschäftigen werden. Reisen Sie mit der Absicht in Ihre Innenwelt, Zugang zu einem Talent zu finden, zu einem Schatz, der jetzt gehoben werden will.

Nun fixieren Sie einen Lichtpunkt in Ihrem Herzen. Konzentrieren Sie sich auf das Licht, und versetzen Sie sich in diesen hellen Schein. Nehmen Sie einen weiten Raum in Ihrem Inneren wahr: Es kann eine Blumenwiese sein, ein Meeresstrand oder auch ein großer Saal. Schauen Sie, was Ihre Fantasie Ihnen zeigt. Bewerten Sie es nicht, sondern nehmen Sie es nur wahr. Betreten Sie die Landschaft oder den Raum, der sich Ihnen öffnet. Schauen Sie sich um. Nehmen Sie wahr, wie schön es hier ist. Sie wissen, Sie sind hier, um Ihren Schatz zu finden. Lassen Sie sich Zeit.

Da ist etwas! Ihr Auge fällt auf eine einfache Box, eine verzierte Truhe, ein Schatzkästchen. Treten Sie näher. Öffnen Sie den Deckel und schauen Sie sich den Inhalt an. Nehmen Sie alle Details in sich auf. Es ist Ihr Schatz, es ist Ihr Talent, es ist Ihr nächstes Ziel. Erfreuen Sie sich daran. Lassen Sie das Bild eine Weile auf sich wirken.

Dann bedanken Sie sich bei dem lichtvollen, weiten Platz in Ihrem Inneren und kommen mit Ihrer Aufmerksamkeit wieder ins Hier und Jetzt zurück, um einen Schatz, um eine Idee reicher.

Was haben Sie gesehen? In dem, was in dem Schatzkästchen Ihres Inneren liegt, ist ein Hinweis auf ein Talent enthalten, das Sie in den nächsten Monaten ausbilden und nutzen können. Lassen Sie bei der Deutung Ihre Fantasie spielen. Ein Strauß mit Kräutern kann den Weg zur Heilkunst aufzeigen oder Sie an eine gesunde Lebensweise erinnern. Eine Palette mit Farben kann Sie zum Malen anregen oder dazu, sich mit mehr Farben zu umgeben. Ein Berg aus Gold und Edelsteinen kann heißen, Sie sollten sich erlauben, die Annehmlichkeiten des Lebens zu genießen. Eine leere Truhe kann heißen, Sie sollten sich

mehr Raum und Zeit gönnen. Vielleicht finden Sie auch einen Zettel vor, auf dem einige Worte als Hinweis geschrieben sind. Seien Sie gespannt!

Dehnen Sie die Entdeckung Ihrer Fantasie auf die Gestaltung Ihrer Wohnung aus. Schauen Sie jetzt intensiv den Bagua-Bereich »Kinder und Kreativität« (→ Seite 124 ff.) im Westen an. Insbesondere das innere Kind kann nun Heilung erfahren, der Zugang zur Kreativität kann freigelegt werden. Jetzt trauen sich auch Menschen zu, schöpferisch zu sein, die sich vorher nicht zu dieser Spezies gezählt hätten. Nicht alle werden malen oder dichten, manche werden singen, andere kochen, wieder andere tanzen oder lustige Geschichten erzählen. Vielleicht legen sie auch einen Garten an oder entwerfen Einladungs- und Glückwunschkarten. Kreative Ausdrucksmöglichkeiten gibt es unendlich viele.

Meditative Gedanken zum Schild »März: Zeit der Fantasie«

Ich lasse meine Fantasie sprudeln. Im Strom meiner inneren Bilder nehme ich meine Herzenswünsche wahr. Ich male mir mein Leben wunderschön und farbenprächtig aus. So entdecke ich mein schöpferisches Wesen. Erfreut und dankbar nehme ich Fülle und Vielfalt an.

April: Zeit der Abenteuer

Wetterkapriolen prägen den April. In diesem Monat geht es heftig zur Sache. Mal ist es sonnig, dann schüttet es wie aus Eimern, gefolgt von einem Schneesturm, bis unvermittelt die Sonne wieder hinter den Wolken auftaucht. Die Verhältnisse ändern sich stündlich und manchmal minütlich. Gleichmaß und Ruhe zu finden ist kaum möglich. Dieser Monat sagt jeglicher Langeweile und jeglicher Eintönigkeit den Kampf an. Kein Wunder, dass der Begriff »Aprilwetter« sprichwörtlich geworden ist und auch andere schnell wechselnde Hochs und Tiefs bezeichnet.

Die Wildheit und Heftigkeit im April erinnert an einen Gott aus der römischen Mythologie, den Kriegsgott Mars. Er galt als furchtlos, ungestüm und draufgängerisch. Wurde er zornig, war er unberechenbar. Seine Launen kontrollieren zu lernen, war die Aufgabe, die ihm Jupiter als oberster Gott gestellt hatte. Sein Mut und seine Kraft halfen ihm bei der Bewältigung dieser Aufgabe. Daher werden Aufbruchsstimmung, Durchsetzungsfähigkeit und Willenskraft mit dem Mars in Verbindung gebracht – wie auch mit dem Frühling selbst. Der Monat März ist nach ihm benannt, im Monat April aber erreicht seine wilde Qualität ihren Höhepunkt. So wirkt es, als ob Mars seine Eigenschaften an den Frühling weitergegeben habe. Hier lebt er weiter. In dieser Zeit werden seine Aufgaben erneut gestellt – und zwar an alle: Es gilt, die Launen beherrschen zu lernen, Mut zu beweisen und Risiken einzugehen.

Neue Aufgaben sind oft mit Risiken und Gefahren verbunden. Allerdings enthalten sie auch immer Chancen. Es ist erhellend zu wis-

sen, dass es im Chinesischen nur ein Schriftzeichen für »Gefahr« und für »Chance« gibt. Es sind tatsächlich die beiden Seiten einer einzigen Medaille. Das Leben ist ein Abenteuer, die Energie im April zeigt es überdeutlich. In diesem Monat geht es darum, die Ich-Kräfte zu wecken. Jeder darf sich aufgerufen fühlen, die anstehenden Herausforderungen zu bewältigen.

Für manche Menschen ist schon die Vorstellung, vor einem Problem zu stehen, ein Unding. Allein der Gedanke an schwierige Aufgaben erschreckt sie. Am liebsten wäre ihnen, jeder Tag würde genau gleich ablaufen. Das übt eine beruhigende Wirkung auf sie aus. Dass sie damit aber viele ihrer Fähigkeiten nicht einmal entdecken geschweige denn nutzen, ist ihnen nicht bewusst.

Andere jedoch haben eben durch neue Reize und Herausforderungen erst das Gefühl, richtig zu leben. Sie fühlen intensiver, wenn sie mit Gefahren und Unwägbarkeiten konfrontiert werden. Sie lieben das Abenteuer und messen ihre Kräfte. Passiert eine Zeit lang nichts, sorgen sie selbst für Umsturz. Ihre Ungeduld ist sehr groß, und sie können nur schwer über längere Zeit eine gleichförmige Situation ertragen. Geht es ihnen zu gut, gehen sie aufs Eis.

Das sind die beiden Extreme – von der Erstarrung in den Gewohnheiten bis zur Sucht nach dem Kick. Die meisten Menschen halten sich irgendwo dazwischen auf.

Wo stehen Sie? Welcher der beiden Pole ist Ihnen näher? Lieben oder fürchten Sie Risiken? Überlegen Sie für sich, wie Sie damit umgehen. Was macht es mit Ihnen, wenn Sie auf Herausforderungen treffen und mit großen Aufgaben konfrontiert werden: Kribbelt es positiv oder negativ, wenn Sie daran denken? Finden Sie die Aussicht auf Abenteuer spannend, oder tun sich da in Ihrem Inneren Abgründe auf? Ist es beruhigend für Sie zu wissen, was Sie morgen, übermorgen und übernächstes Wochenende geplant haben, oder

ermüdet Sie die Aussicht auf die durchstrukturierte Zeit? Reagieren Sie spontan auf den gegenwärtigen Moment, oder stresst Sie die Vorstellung, die Lage nicht einschätzen zu können? Können Sie Gleichförmigkeit aushalten, oder steigert dies Ihre innere Unruhe bis zum Zerreißen?

Jetzt im April spüren wir das Wechselbad im Wetter sehr intensiv – und genauso in den Gefühlen. Der Frühling spült uns in die äußersten Winkel der Emotionen. Wir erleben Höhen und Tiefen, Lust und Frust. Gleichförmigkeit passt einfach nicht zum April. In dieser Energie kann es auch geschehen, dass wir stärker mit Aggressionen konfrontiert werden, aus uns selbst heraus oder von außen. Dabei lernen wir, wie es sich anfühlt zu kämpfen, zu verlieren und zu siegen. Das mag uns zwar anstrengen, macht letztlich aber selbstbewusst und lässt uns ungeahnte Kräfte freisetzen. Wer Herausforderungen und Gefahren fürchtet und leicht nervös wird, wenn zu viel auf ihn einprasselt, kann im April und vom April lernen, etwas Gutes daran zu finden. Er kann erkennen, dass Abenteuer das Leben erfrischen und dass sie Spaß machen können. Er kann begreifen, dass es nicht zwangsläufig eine Katastrophe bedeutet, nur weil man mal Verlierer ist. Morgen kann man schon wieder Sieger sein. Sehen wir es sportlich! Wer zu den Menschen gehört, die meinen, nicht ohne Herausforderungen und Risiken leben zu können, kann erkennen, dass wahre Kraft nicht aus Aktivität entsteht, sondern aus der Ruhe. Von der April-Energie kann er lernen, dass es eine Atempause braucht, um neuen Anlauf zu nehmen. Er kann die Pausen zwischen den Kicks erkennen und schätzen lernen. Dann braucht er auch nicht gleich hektisch zu werden, wenn gerade keine abenteuerlichen Vorhaben anstehen und es keine Herausforderung gibt.

Da die wahre Balance nur in der Mitte zu finden ist und nie in einem Extrem, gilt es nun, sich dieser Mitte anzunähern. Schätzen

Sie sich selbst ein, und legen Sie auf der Skala zwischen Ängstlichkeit und Übermut Ihren aktuellen Punkt fest. Dann wissen Sie, ob Sie mehr an Ihrem Vertrauen arbeiten sollten, auch Risiken bewältigen zu können, oder ob Sie an Ihrer inneren und äußeren Ruhe noch ein paar Schippchen zulegen sollten.

Ein guter Weg für beide ist es, bewusst dem Atem zu lauschen und Atemübungen zu praktizieren. Denn der Atem zeigt, dass das Leben ein ständiges Pulsieren ist. Dauerhafte Starre bedeutet den Tod, doch ständige Schnappatmung ist eben auch nicht gesund. Trainieren Sie tiefe und gleichmäßige Atemzüge. Atmen Sie gegen den Stress, und atmen Sie gegen die Langeweile. Der Atem beruhigt und regt an. Hierin finden Sie wahre Balance.

Einfache Atemübung aus dem Yoga

Atmen Sie ein und aus, langsam, einige Male. Zählen Sie mit, beim Einatmen und beim Ausatmen. Haben Sie länger eingeatmet oder länger ausgeatmet?

Zu viel einzuatmen hat mit Angst zu tun: »Ist genug für alle da? Ich könnte zu kurz kommen.« Doch es ist genug für alle da, auch für Sie. Sie können sich entspannen und einfach etwas loslassen, auch die Luft zum Atmen.

Zu viel auszuatmen hat mit sich auslaugen und sich auslaugen lassen zu tun. Wer ständig zu viel gibt, ist irgendwann leer. So sorgen Sie nicht gut für sich. Sie dürfen mehr nehmen, auch Atemluft.

Verlängern Sie bewusst das Einatmen oder das Ausatmen, wenn es zu kurz war, und verlängern Sie das Ausatmen, wenn dieses zu kurz war. Machen Sie das so lange, bis Sie gleich lang einatmen und ausatmen. Das schafft ein Gleichgewicht in Ihnen.

Geben und Nehmen, Einatmen und Ausatmen sollen sich die Waage halten. Wer ausgeglichen atmet, übernimmt die Ausgeglichenheit letztendlich auch in sein Leben.

Achten Sie außerdem verstärkt auf Ihre Ernährung und den Ausgleich von Bewegung und Ruhe. Unterstützen Sie den Wunsch nach Harmonie durch passende Symbole in Ihrem Zuhause. Lassen Sie sich von der April-Energie dazu einladen, vor allem die Hausmitte zu stärken. Hier wohnen »Gesundheit und Selbstwert« (→ Seite 105 ff.). Innere und äußere Balance zu halten ist gerade in diesen Bereichen wertvoll. Achten Sie verstärkt auf Ihre Lebensführung und bringen Sie Aktivität und Passivität, Arbeit und Freizeit ins Gleichgewicht. Setzen Sie sich selbst, Ihre Gesundheit und Ihr Wohlergehen ins Zentrum Ihrer Aufmerksamkeit. Wecken Sie Ihre Ich-Kräfte, und trainieren Sie Ihre Überlebensfähigkeit. Schauen Sie auf sich!

Meditative Gedanken zum Schild »April: Zeit der Abenteuer«

Ich stelle beide Füße auf die Erde. Tief verankere ich mich in der Erde. Ich habe Zugang zu meiner Kraftquelle, einem unbegrenzten Reservoir an Energie. Damit verwirkliche ich meine Ideen. Gelassen schaue ich an, was da ist. Ich mache etwas daraus.

Mai: Zeit der Sinne

Probleme besprechen. Sorgen wälzen. Über Schicksale brüten. Das mag ja alles richtig und wichtig sein. Aber, wer ein echter Genießer ist, der lässt es auch mal gut sein – vor allem im Mai. Allein die Wetterlage und das Gedeihen der Natur machen jetzt aus vielen Menschen Genusswesen. Dies ist eine so herrliche Zeit, da gibt es wahrlich Wichtigeres, als auf die schwierigen Seiten des Lebens zu schauen. Der Mai ist die Zeit des Genießens. Die Bäume werden grün, die Blumen blühen, und auch wir Menschen können den Frühling in uns erwecken und zu neuer Schönheit aufblühen. Jetzt gilt es einfach nur zu leben, zu fühlen, zu sein. Dies können wir alle von der besonderen Energie im Mai lernen.

Dieser Monat ist ein Geschenk des Himmels für uns alle. Die Natur ist wie ein Jungbrunnen. Die Hoch-Zeit des Frühlings erinnert uns an die Jugend und die Schönheit in uns selbst. Wer diese Zeit achtlos an sich vorüberziehen lässt und sich stattdessen mit seinen mehr oder weniger großen Problemen beschäftigt, mauert sich regelrecht ein. Er schließt sich ab von der Schönheit, den lichtvollen Gefühlen und damit vom Leben selbst. Der Mai ist wie gemacht, um die Seele aufblühen zu lassen.

Dennoch – so sehr die Natur uns auch einlädt, das Leben lächelnd anzugehen, so gibt es doch zu viele Menschen, die dies einfach nicht können. Bei Äußerlichkeiten fängt es oftmals an. Mit ihren Leistungen, ihren Lebensumständen machen sie weiter. Sie stellen ihr Aussehen, ihren Beruf, ihre Familie, ihr Zuhause, ihren Wohnort, einfach alles infrage und finden immer etwas an sich und ihrem Leben zu

kritisieren. Wie müde machen solche Gedanken, wie traurig machen sie die Seele!

Der Mai aber ist nicht die Zeit der Kritik. Er ist die Zeit der Schönheit und des Genießens. Wer es nicht von sich aus kann, bekommt jetzt die Gelegenheit, in diese Energie einzutauchen und zu spüren, wie unendlich gut dies tut. Der Mai ist auch die große Zeit der Blüten. Da fragt man schließlich auch nicht, ob eine Apfelblüte schöner ist als eine Tulpe oder ob das Gänseblümchen vielleicht beide übertrifft. Jede Blüte ist auf ihre Art schön. Das gilt für alle Wesen. Daher ist auch jeder Mensch auf seine Art schön – zumindest kann er schön sein. Wahre Schönheit bedeutet, von innen heraus zu leuchten.

Dennoch ist die Schönheit kein rein geistiges Gut. Gerade im Mai lässt sich die irdische Schönheit ringsumher wahrnehmen. Alle Sinne werden angesprochen. Wir können sehen, hören, riechen, schmecken und fühlen. Die fünf Sinne geben uns die besten Voraussetzungen für eine intensive Wahrnehmung von Schönheit.

Es ist entspannend und höchst vergnüglich, sich für eine Weile mal nur auf die fünf Sinne zu konzentrieren – das Sehen, Hören, Riechen, Schmecken und Fühlen. Dies zentriert auf den gegenwärtigen Moment.

Kurzentspannung, um die fünf Sinne erwachen zu lassen
Machen Sie einen Moment Pause und nehmen Sie sich selbst und Ihre Umgebung bewusst wahr.

- Was sehen Sie jetzt, in diesem Augenblick: ein Bild, eine Wand, eine Zeitung?
- Was hören Sie jetzt: den Wind, das Surren des PCs, Vogelgezwitscher?
- Was riechen Sie jetzt: Ihr Parfum, Blütenduft, das Wachs einer brennenden Kerze?

- Was schmecken Sie jetzt: das Wasser, das Sie gerade getrunken haben, den Nachgeschmack von Essen, Ihren Speichel?
- Was fühlen Sie jetzt: den Stoff Ihrer Jeans, Ihre Haut, das Holz der Stuhllehne?

Bewerten Sie Ihre Ergebnisse nicht, nehmen Sie nur wahr, was Ihre Sinne Ihnen mitteilen. Lassen Sie das Denken sein. Denken können Sie später wieder. Dieser Moment soll nur der Wahrnehmung Ihrer Sinne und damit Ihrem Sein gehören.

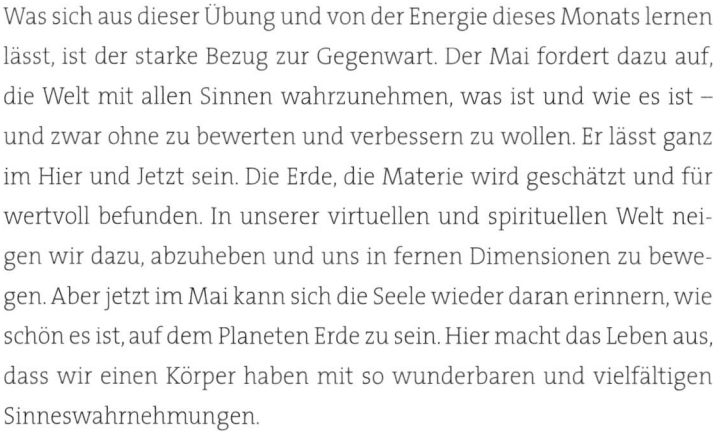

Was sich aus dieser Übung und von der Energie dieses Monats lernen lässt, ist der starke Bezug zur Gegenwart. Der Mai fordert dazu auf, die Welt mit allen Sinnen wahrzunehmen, was ist und wie es ist – und zwar ohne zu bewerten und verbessern zu wollen. Er lässt ganz im Hier und Jetzt sein. Die Erde, die Materie wird geschätzt und für wertvoll befunden. In unserer virtuellen und spirituellen Welt neigen wir dazu, abzuheben und uns in fernen Dimensionen zu bewegen. Aber jetzt im Mai kann sich die Seele wieder daran erinnern, wie schön es ist, auf dem Planeten Erde zu sein. Hier macht das Leben aus, dass wir einen Körper haben mit so wunderbaren und vielfältigen Sinneswahrnehmungen.

Ganz klar gehört zu einem wahrhaft sinnlichen Lebensgefühl, dass man sich die sinnlichen Genüsse nicht nur vorstellt, sondern auch tatsächlich darin schwelgt. Dazu zählt alles, was sich mit den Sinnen wahrnehmen lässt und was man als schön und angenehm empfindet: Kleidung, Möbel, Schmuck, Musik, Blumen. Düfte, Essen. Hier können die inneren Stimmen des Verstandes – der Kommentator, der Zweifler und der Grübler – nicht mithalten. Werden Sie aufmerksam auf das, was Sie mit Ihren Sinnen wahrnehmen.

Tauchen Sie ein in die Welt der Farben. Erfreuen Sie Ihre Augen an den unterschiedlichen Grüntönen von Bäumen und Wiesen und an einem Meer aus bunten Blumen. Schenken Sie Ihren Ohren Musik. Besuchen Sie ein Konzert, oder lauschen Sie dem Gesang der Vögel. Entdecken Sie Ihren Geruchssinn. Riechen Sie an einem Duftöl oder schnuppern Sie an Ihrem Lieblingsparfum. Gehen Sie essen und reizen Sie Ihren Geschmackssinn mit Ihnen unbekannten Speisen. Verwöhnen Sie sich mit Ihrem Lieblingsgericht, und probieren Sie neue Gewürze aus. Essen Sie süß und sauer, salzig und bitter. Lassen Sie auch das Fühlen zu. Erleben Sie bewusst das Berühren, das Anfassen, das Streicheln. Schenken Sie sich unterschiedliche Massagen, mit duftenden Kräutern oder heißen Steinen. Tauchen Sie in ein Bad ein, und fühlen Sie abwechselnd das Wasser und die Luft auf Ihrer Haut. Leben Sie mit allen Sinnen.

Zwei wesentliche Sätze für die Mai-Energie können sein: »Ich bin schön« und »Es ist schön, dass ich da bin«. Die Sinne brauchen nicht viel, um aufzuleben. Der Tagesablauf darf gern einfach sein. Sich die Grundbedürfnisse des Lebens zu erfüllen ist gerade wichtiger, als große Werke zu vollbringen. In der Mai-Energie gilt es nur zu leben, jeden neuen Tag mit allen Sinnen. Sie brauchen keine Pläne zu schmieden, müssen nicht in der Vergangenheit stochern und nicht die Zukunft hinterfragen. Sie können leben und genießen. So können Sie sich sicher sein, dass diese Zeit etwas ganz Besonderes für Sie wird.

Lassen Sie mit Ihrer neu entdeckten Sinnlichkeit Ihre Verbindung zur Erde wachsen und auch Ihre Zweisamkeit berühren. Dazu neh-

men Sie sich den Bagua-Bereich im Südwesten, »Partnerschaft und Erde« (→ Seite 108 ff.) vor. Entdecken Sie die Lust am Leben neu. Beginnen Sie mit Ihren fünf Sinnen. Dadurch erden Sie sich und nehmen sich und die Welt auf ganz andere Weise wahr – sinnlich eben.

Teilen Sie diese Erfahrungen mit Ihrem Partner. Nehmen Sie auch ihn in dieser Zeit nicht über den Verstand wahr, das heißt, beurteilen und bewerten Sie ihn nicht, sondern nehmen Sie ihn über die Sinne wahr. Lassen Sie auch im Miteinander das Sehen, Hören, Riechen, Schmecken und Fühlen zu.

Wunderbar ist es zudem, sich mit dem Bereich »Reichtum und Glück« (→ Seite 112 ff.) zu beschäftigen. Jetzt fließt so vieles wie von selbst, die Erde beglückt mit ihren Blüten, dass es leicht wird, diese Reichtümer auch im eigenen Leben fließen zu lassen.

Meditative Gedanken zum Schild »Mai: Zeit der Sinne«

Ich spüre meine tiefe Liebe zur Natur. Auch ich bin ein Teil der Natur. Wir alle sind Natur. Es tut gut, das wahrzunehmen. Der Weg zur Versöhnung wird frei. In mir spüre ich ganz viel Liebe – zu mir und zu anderen Wesen. So sende ich gute Gedanken und liebevolle Gefühle in die Welt hinaus.

Juni: Zeit des Lichts

Licht und Leichtigkeit sind in der Zeit des Jahres angesagt, in der jeder Tag noch ein bisschen heller und länger wird – bis zur Sonnenwende Ende Juni, wenn die Sonne ihren höchsten Stand erreicht hat. Die Überfülle an Licht ist prägend für diesen Monat. Er ruft dazu auf, das Leben leicht zu nehmen. Und er lädt zum Lachen ein.

Es zieht die Menschen ins Freie, wenn es warm und hell ist. Viele Menschen sind nun gern unterwegs. Sie entdecken, wie kontaktfreudig sie eigentlich sind, und suchen den Austausch. Auch scheinen sie sich weniger Sorgen zu machen als in vielen anderen Monaten. Schwermütige Charaktere setzen die zunehmende Leichtigkeit daher schon mal mit Oberflächlichkeit gleich. Das mag manchmal zutreffen, ist aber genau das richtige Gegengewicht, das im Jahr und im Leben nötig ist, um in Balance zu bleiben. Es ist die heitere Zeit, in der sich sogar Probleme in Nichts auflösen können.

Die Juni-Energie bringt das mit, was gerade wir Mitteleuropäer oftmals vermissen lassen: Leichtigkeit. Zu oft neigen wir dazu, auf die problematischen Seiten einer Angelegenheit zu schauen und nicht auf ihre hellen Seiten. Wir grübeln und wälzen Sorgen, statt uns des Lebens zu freuen. Diese Art des Denkens mag angeboren oder anerzogen sein. Durch Achtsamkeit und Übung lässt sie sich jedenfalls verändern. Manchmal reicht es schon, für sich zu beschließen, ab sofort eine geänderte Sichtweise einzunehmen.

Manche Menschen befürchten stets das Schlimmste, schon bei einem Schnupfen argwöhnen sie eine Lungenentzündung und haben schlaflose Nächte deswegen. Sie könnten sich stattdessen bei

Gott, beim Schicksal oder ihrer gesunden Lebensweise bedanken, dass sie nur einen Schnupfen haben. Sie könnten außerdem Vorsorge treffen und eine Heilbehandlung machen, damit eben nicht mehr daraus wird.

Manche fühlen sich genervt durch Wartezeiten. Sie könnten sich stattdessen freuen über diesen Moment, der ihnen ein Innehalten gewährt. Diese kleine Pause hätten sie sich in ihrer Hektik ja sonst nicht gegönnt. Sie könnten durch eine andere Zeiteinteilung außerdem versuchen, solche Wartezeiten für den nächsten Termin zu vermeiden.

Andere wieder geraten in großen Stress, wenn sich die Aufgaben häufen und sie kein Land mehr sehen. Meist jedoch sind es selbst gewählte Aufgaben, die sie durchaus kürzen und abgeben könnten. Sie müssen die Messlatte gar nicht so hoch hängen. Den Anspruch zur Perfektion stellen vor allem sie selbst an sich.

Es gibt stets mehrere Möglichkeiten, eine Situation zu sehen. Mit Argwohn, Angst und Jammern zu reagieren ist immer sinnlos. Jeder negative Gedanke ist verschwendete Zeit. Wenn eine neue und schwierige Lage kommt, wird man Wege finden, damit umzugehen, denn dann herrscht eine konkrete Situation, die es zu bewältigen gilt. Grübelt man im Vorfeld, gibt es unendlich viele Möglichkeiten, wie sich eine Sache entwickelt kann. Man muss daher auch unendlich viele Lösungen finden. Das ist zeitraubend und kraftraubend. Wenn ein Ergebnis da ist, braucht man nur für diese eine Lage eine Lösung zu finden. Es ist also weitaus schonender für die persönlichen Ressourcen, punktgenau zu reagieren.

Jetzt, im Juni, lässt es sich wieder lernen, wie es geht, das Leben leicht zu nehmen und nicht zu viel zu planen. Es funktioniert durchaus, die Probleme einfach mal auf morgen zu vertagen. Jetzt bloß nicht weitergrübeln, denn etwas anderes ist viel spannender – der

Badesee lockt zum Schwimmen, und das Erdbeereis will schließlich auch noch genossen werden. Sich eine Zeit lang nur auf das zu konzentrieren, was gerade anliegt, dazu bietet sich im Juni eine wunderbare Gelegenheit. Die besondere Energie dieser Zeit bringt es mit sich, dass man es kann und dass es auch die Menschen schaffen oder zumindest lernen können, die sich ansonsten zu 99 Prozent für das Grübeln entschieden hätten. Und dieses »Lernen« ist jetzt nichts, was Anstrengung und Pflichtgefühl verlangt, sondern es geht wie nebenbei. Denn wenn man die besondere Energie der aktuellen Zeit nutzt, wird jede Pflicht zur Kür.

Von der ursprünglichen Bedeutung her haben die Worte »leicht« und »licht« denselben Sprachstamm. Daher schwingt das eine beim anderen mit. Leichtigkeit hat etwas Helles und Heiteres an sich. Das Lichtvolle ist nicht erdenschwer, sondern erhebend, nach oben und außen strebend, eben leicht. Allein der Gedanke an etwas Leichtes und Lichtes erhellt die Seele, lässt uns innerlich aufschauen und Hoffnung schöpfen. Es ist jetzt nicht die Zeit des Nachdenkens, die Zeit der Innenschau und Besinnung. Im Juni gilt es, nach außen zu gehen, sich zu erweitern, um etwas im Leben größer und heller werden zu lassen.

Einen Lebensbereich bewusst aufhellen

Suchen Sie sich einen Bereich Ihres Lebens, der eine Aufhellung gut gebrauchen kann. Sie brauchen sogar dafür nicht lange zu grübeln. Lassen Sie Ihre spontanen Gedanken zu, reagieren Sie auf Ihre Eingebungen! Was schießt Ihnen durch den Kopf: Darf es ein größerer Freundeskreis sein? Wollen Sie Ihr Geld mit Leichtigkeit verdienen? Wollen Sie Frieden mit Ihrem Aussehen schließen? Möchten Sie den Streit mit den Nachbarn beenden?

Was Ihnen in den Sinn kommt, ist richtig. Es drängt sich nach vorn und will ins Licht geholt werden, will gesehen werden, will sich vergrößern und erweitern. Das Thema, das Ihnen aktuell wichtig ist, bescheinen Sie innerlich mit Licht. Stellen Sie sich das wie einen Scheinwerfer vor, der hell und leuchtend die Situation bestrahlt. Schenken Sie diesem Thema ein Lächeln. Lächeln Sie es an. Lassen Sie die Gedanken, die Ihnen dabei in den Sinn kommen, zu. Halten Sie aber nicht daran fest, sondern lassen Sie sie ganz leicht wieder weiterziehen wie kleine weiße Wolken am heiteren Sommerhimmel. Sie können herrliche Aha-Erlebnisse haben, denn der Verstand ist auf Draht in der Juni-Energie. Danach wenden Sie sich wieder vergnügt Ihrer Alltagstätigkeit zu.

Die täglichen Angewohnheiten sind es, die jetzt durchlichtet werden können und damit von Bedrückungen, Hemmungen und Altlasten befreit werden können. Sich das Leben leicht zu machen, fängt auch schon in kleinen Dingen an. Zum Beispiel, indem Sie lächeln, statt die Stirn in Falten zu legen. Das geht beim Rätsel lösen, beim Reden, beim Einkaufen. Um sich zu konzentrieren, muss man nicht das Gesicht verziehen. Man kann auch entspannt gucken beim Denken.

Eine andere große Chance, die Juni-Energie zu leben, ist, sich Wünsche zu erfüllen – und zwar wieder ganz leicht –, mit dem Verstand. Wie sagte schon Immanuel Kant: »Habe den Mut, dich deines eigenen Verstandes zu bedienen.« Das heißt, denken Sie, reden Sie, sprechen Sie Ihre Wünsche aus, fassen Sie in Worte, was Sie wirklich wollen. Auch das gelingt selbstverständlicher, als es zu anderen Zeiten möglich wäre. Selbst die Kontaktaufnahme wird leichter. Und weil man gerade nicht alles so schwer nimmt und auch nicht so viele

Gefühle mitmischen, ist die Gefahr geringer, den falschen Ton zu treffen. Klare, freundliche Worte sprudeln nur so heraus – und kommen gut an.

Von der besonderen Energie dieser hellen Zeit können wir federleichte Qualitäten abschauen. Jeder dieser langen Tage erinnert uns daran, dass es hell werden darf im Leben und in den Problemen. Es ist eine gute Idee, die Zeit des großen Lichts zur Klärung diverser Themen im eigenen Leben zu nutzen. Dazu zählt eben auch, sich Wünsche zu erfüllen anstatt Süchte. Das fühlt sich wirklich leicht an.

- Haben Sie Lust auf eine Wanderung? Gehen Sie los.
- Würden Sie gern ein Riesenstück Kuchen verspeisen? Genießen Sie es. Lassen Sie es sein, wenn Sie gerade über Figurprobleme gejammert haben.
- Möchten Sie schwimmen? Besuchen Sie ein Bad.
- Möchten Sie einen Drink nehmen oder zwei oder drei? Tun Sie es, wenn Sie Spaß dabei haben. Verzichten Sie darauf, wenn Sie dadurch sich und andere Leute gefährden.
- Wollen Sie malen? Malen Sie.

Der Sinn der Übung ist: Setzen Sie Ihren Verstand ein, und trennen Sie die Wünsche von den Süchten. Erstere bringen Ihnen Erlebnisse, sie füttern Ihren Geist und machen Ihr Leben reich. Letztere machen müde und letztlich frustriert. Eine Sucht zu befriedigen und einer Laune nachzugeben, macht nicht leicht und heiter, sondern dumpf und schwer, bedrückt und traurig. Aber sich einen Wunsch zu erfüllen, macht froh und lässt das Leben lieben – mit Leichtigkeit, versteht sich.

Die Juni-Energie mit ihrer unglaublichen Helligkeit und Freundlichkeit ist wie ein Joker. Damit lässt sich jeder beliebige Lebensbereich aufmuntern. Bestrahlen Sie den Bagua-Bereich, der zusätzliches

Licht gerade gut gebrauchen kann. Oder machen Sie einfach mal Pause, und genießen Sie den Sommer ohne jede zusätzliche Aufgabe. Auch das ist drin. Man muss es sich nur trauen. Wir alle haben viel mehr Freiheiten, als wir meinen. Diese Auszeit kann einen Entwicklungsschub anstoßen – oder einfach nur guttun. Schön ist beides.

Meditative Gedanken zum Schild »Juni: Zeit des Lichts«

Jeder ist anders. Jeder darf anders sein. Wir haben alle unsere eigenen Schätze und Talente. Wir können uns austauschen und wir können teilen. Damit reichern wir unsere Erfahrungswelt an. Das Leben ist so herrlich vielseitig. Ich freue mich auf meine glückliche Zukunft.

Juli: Zeit des Nährens

Schauen Sie sich die folgenden vier Sätze an und lassen Sie den Inhalt auf sich wirken. Lauschen Sie auf Ihre spontane Reaktion, noch während Sie die Worte lesen:

- »Das Leben ist ein Geschenk.«
- »Ich bin willkommen.«
- »Die Erde ist ein Ort der Geborgenheit.«
- »Ich darf nehmen.«

Wie fühlt es sich an? Wie geht es Ihnen, wenn Sie diese Sätze lesen? Ruft Ihr Inneres laut und begeistert Ja, oder steigen sofort Zweifel in Ihnen auf?

»DAS LEBEN IST EIN GESCHENK.«

Eigentlich sollte diese Aussage selbstverständlich sein. Denn das Leben ist schließlich ein Geschenk. Mit Ihren Eltern haben sich zwei Menschen zusammengetan und Ihnen das Leben gegeben. Ob die beiden sich über lange oder kurze Zeit oder gar nicht geliebt haben, ist dabei nicht wichtig. Tatsache ist, dass Ihre Seele die Chance genutzt hat und Sie jetzt leben. Wobei sich die Frage stellt, ob Sie es können, das Leben als Geschenk zu sehen. Viele Menschen sehen darin eine Pflicht, eine Aufgabe, eine Last. Sie meinen tatsächlich, auf das »Geschenk« hätten sie lieber verzichtet. Wenn Sie dazugehören: Lieben Sie Ihr Leben eigentlich? Stehen Sie generell mit Geschenken und Wohltaten auf Kriegsfuß? Gerade sehr pflichtbewussten Menschen fällt es oft schwer, etwas anzunehmen, inklusive dem eigenen Leben.

Mit der Erfüllung ihrer Aufgaben kommen sie noch klar, Schwierigkeiten und Durststrecken stehen sie durch. Doch wenn alles zu glatt
läuft, werden sie misstrauisch. Sie meinen, es würde sicher nicht so
gut bleiben, das dicke Ende müsse nachkommen. Erhalten sie allen
Unkenrufen zum Trotz doch ein weiteres erfreuliches Angebot, stehen ihre Warnleuchten endgültig auf Alarmstufe. Sie glauben nicht
an ihr Glück, sondern argwöhnen einen Hinterhalt. Ihre Überzeugung ist, dass man eben nichts geschenkt bekommt, sondern für alles bitter bezahlen müsse.

Da ist es doch eine gute Idee, um der eigenen Lebensfreude willen,
gleich heute noch umzudenken. Damit tun Sie vor allem sich selbst
einen Gefallen. Erlauben Sie sich, sich wie ein Geschenk zu fühlen,
ein Geschenk des Universums an die Erde. Fühlen Sie sich wertvoll
und kostbar.

»Ich bin willkommen.«

Dann der nächste Punkt, das Gefühl des Willkommenseins. Das hatte
als Kind durchaus nicht jeder, denn nicht alle Eltern waren begeistert
davon, ein Kind zu bekommen. Andere waren zwar ein Wunschkind,
hatten aber später zu kämpfen. Die Schule erwies sich als schwierig,
der Anschluss an die Freunde gelang nur mit Zugeständnissen und
faulen Kompromissen. Als gern gesehener Teil eines Teams fühlten
sie sich nie. Sie spürten auch später immer nur Ablehnung, ob bei
Freunden, Nachbarn oder Kollegen.

Da wird es doch höchste Zeit, sich selbst willkommen zu heißen!
Begrüßen Sie sich selbst, und freuen Sie sich, dass Sie da sind. Machen Sie den Anfang. Die anderen ziehen dann schon nach, keine
Sorge. Man kann sich die Umstände im Leben vielleicht nicht aussuchen. Die Einstellung dazu aber können wir verändern, darin sind
wir frei. Und das bringt schließlich vieles in Gang.

»DIE ERDE IST EIN ORT DER GEBORGENHEIT.«

Und wie steht es mit Punkt drei, mit der Erde als Ort der Geborgenheit? Nicht immer und überall fühlt sich die Erde gemütlich an. Manchmal ist das Leben einfach nur anstrengend, manchmal ist es sogar gefährlich.

Und doch gibt es auf der Erde immer Plätze, die wie dafür gemacht sind, um sich wohl und geborgen zu fühlen. Solche Orte lassen sich finden. Sie lassen sich auch erschaffen. Jeder kann sich solch einen Platz kreieren. Ein starker alter Baum kann ein Ort der Sicherheit sein. Auch ein Felsen bietet Schutz und Geborgenheit. Vielleicht möchten Sie hier ein kleines Nest aus Zweigen und Moos bauen? Oder Sie schaffen sich zu Hause einen Platz mit schönen Farben, Kissen und Decken. Gestalten Sie ihn ganz nach Ihrem Geschmack, sodass Sie sich hier aufgehoben und sicher wissen. Fühlen Sie sich endlich geborgen.

»ICH DARF NEHMEN.«

Darf man das? Muss man nicht vielmehr geben? Das soll doch seliger sein als das Nehmen? Für sehr viele Menschen ist das Geben tatsächlich leichter, und das obwohl unsere Gesellschaft häufig als egoistisch beschrieben wird. Sehr viele aber haben mit dem Annehmen ein Problem. Sie meinen, nur geben zu müssen und immer nur Leistung bringen zu müssen. Sie powern sich aus, bis sie nicht mehr können. Nehmen können sie erst auf dem Krankenlager und dann noch mit schlechtem Gewissen.

Dabei gehört das Nehmen dazu. Es ist ein Grundrecht. Es will gelernt sein. Und es sollte sich mit dem Geben die Waage halten. Geben können Sie bereits. Für Ihre innere Harmonie lernen Sie nun das Annehmen. Erlauben Sie sich zu nehmen, erlauben Sie sich zu empfangen. Finden Sie Freude beim Geben und beim Nehmen.

Was hat nun der Juli mit alldem zu tun? Eine ganze Menge! Dieser Sommermonat ist hell und heiß. Die Hitze macht ein bisschen behäbiger, vielleicht auch fauler. Es ist eine gute Zeit zum Nähren und Reifen, schön langsam, ohne Energieaufwand. Die Energie im Juli ist verbunden mit Mütterlichkeit, mit dem Kind in uns, mit dem bedingungslosen Versorgen und Versorgtwerden. Die Natur in dieser Jahreszeit zeigt uns: Es ist von allem genug da. Es ist für alles gesorgt. Es genügt, dass wir da sind. Wir brauchen nichts zu tun, nicht zu säen, nicht zu ernten. Wir können die Früchte wachsen lassen. Wir dürfen nehmen. Diese nährende Juli-Energie lässt sich auch im praktischen Leben umsetzen. Es ist die Zeit, in der die meisten Menschen Urlaub machen. Genau richtig! Denn sich über alle Maßen anzustrengen wäre jetzt entgegen der Natur. Diese weiß es instinktiv, der Körper weiß es, die Seele weiß es. Es ist die Zeit des Nährens und Genährtwerdens, des bedingungslosen Annehmens. Nur der Verstand spielt uns gelegentlich einen Streich. Er meint weiter pflichtbesessen nur leisten und geben zu müssen. Mit dem entsprechenden Bewusstsein jedoch ist auch ihm letztlich beizukommen.

Üben Sie, mit Freude anzunehmen. Üben Sie bewusst, die Sonne und den Regen erfreut und dankbar anzunehmen, als seien es Ihre persönlichen Geschenke. Ein bisschen stimmt das auch, denn Sie sind schließlich ein Teil der Erde und damit auch ein Adressat von Licht und Wasser. Üben Sie es, sich zu freuen, wenn der Zufall Sie im Alltag begünstigt. Üben Sie es, die tatsächlichen Geschenke von anderen Menschen mit Freude und Dankbarkeit in Empfang zu nehmen. Üben Sie, gerade jetzt im Juli, das Nehmen. Freuen Sie sich und bedanken Sie sich für alles, was Sie bekommen. Es wird Ihr Leben bereichern.

Der Bagua-Bereich des Ostens, »Familie und Tradition« (→ Seite 121 ff.), ist in diesem Monat gut aufgehoben. Das Geben und Nehmen innerhalb einer Familie sollte sich schließlich auch die Waage halten. Werten Sie diesen Bereich gezielt auf, und unterstützen Sie damit seine Kraft. Auch wenn Sie mit Familie nichts am Hut haben und die Traditionen Ihrer Gesellschaft ablehnen – genau jetzt ist es doch eine gute Idee, sich damit auseinanderzusetzen, und wenn es mit Ihrer ablehnenden Haltung ist. Vielleicht haben Sie sich ein Team als Wahlfamilie gewählt und sind einer Tradition aus einem fernen Volk oder aus einer alten Zeit zugeneigt? Erkennen Sie an, dass diese Ihre Stütze und Ihr Halt sein dürfen. Verbinden Sie sich dankbar und fest damit.

Meditative Gedanken zum Schild »Juli: Zeit des Nährens«

Intensiv genieße ich den Reichtum der Gefühle, Ich fühle tief und ich fühle mich genährt. In meiner Welt spüre ich mich aufgehoben und geborgen. Liebevoll und sorgsam gehe ich mit mir und mit anderen um. Ich unterstütze sie, doch lasse ich es auch zu, selbst Hilfe anzunehmen.

August: Zeit der Fülle

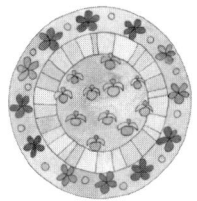

Es ist August, und die Natur zeigt sich in ihrer ganzen Pracht und Fülle. Alles ist reichlich vorhanden, überreichlich sogar. Wer einen Garten besitzt und Obst und Gemüse angebaut hat, kennt dieses Zuviel an Erntefrüchten nur zu gut. Die Menge ist so groß, dass man sie selbst nicht mehr nutzen kann. Das Schöne ist: Jetzt braucht man nicht mehr zu sparen, sich nichts einzuteilen und nicht zu planen. Man hat genug für sich selbst, viel zum Verschenken, und für die Kleintiere bleibt auch noch etwas übrig. Der Reichtum der Natur scheint unendlich.

Können Sie dies: Mit großer Selbstverständlichkeit und Würde den Reichtum des Lebens für sich in Anspruch nehmen und ganz sicher nicht danach fragen, ob er verdient sei oder nicht? Manche haben diese Gabe von Geburt an. Es ist ein durchaus verlockender Ansatz, so groß zu denken und zu fühlen: »Mein Leben ist reich, und es steht mir zu!« Fühlen Sie sich als Herrscher Ihres Lebens? Sind Sie überzeugt, dass alles, was Sie haben und bekommen, Ihnen zusteht? Im August lässt sich diese Erfahrung machen.

Ob man sich seine Eltern und die Umgebung, in die man hineingeboren wird, aussuchen kann, darüber rätseln die Philosophen der Welt schon seit langer Zeit. Manche sagen, eine Seele bekommt, von Gott oder von wem auch immer, bestimmte Entwicklungsaufgaben vorgegeben und wird in ein Leben geboren, in dem sie die idealen Bedingungen vorfindet, um diese Aufgaben zu erfüllen. Andere sind der Überzeugung, die Seele habe durchaus Einfluss und suche sich ein Umfeld aus, in dem sie die besten Bedingungen vorfindet, um be-

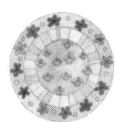

stimmte Qualitäten zu entwickeln. »Ideale und beste Bedingungen«
bedeutet in beiden Fällen allerdings nicht, frei von Sorgen zu sein
und von den Eltern willkommen geheißen und geliebt zu werden.
»Ideale und beste Bedingungen« kann auch heißen, dass man seine
Kräfte schon früh beweisen muss, dass man lernen muss, sich durch-
zusetzen, um zu überleben. Es kann auch bedeuten, dass man lernen
muss, den Glauben an die Liebe zu bewahren, auch wenn man sie
als kleines Kind vermissen musste. Damit kann auch verbunden sein,
dass man sich eine stabile materielle Grundlage selbst erschaffen
muss, weil die Familie bitterarm war. Um all diese Aufgaben zu meistern, haben wir unsere Talente mit auf den Weg bekommen. Und um
diese Talente bestens auszuprägen, sind die Bedingungen unseres
Starts ins Leben ideal. Sie sind wie Werkzeuge, die uns ermöglichen,
mit den Problemen umzugehen, die uns unterwegs begegnen. Dabei
kann unsere Persönlichkeit wachsen.

So gesehen braucht man nicht infrage zu stellen, ob man viel oder
wenig mitbekommen hat. Es ist das, was sich die Seele ausgesucht
oder bekommen hat. Es ist unser Platz. Den haben wir niemandem
weggenommen, der war nur für uns gedacht.

Wer meint, sein Platz sei zu gering und zu schlecht für ihn, hat
nicht begriffen, dass er mit diesem Platz die Freiheit und die Kraft bekommen hat, sich selbst weiterzuentwickeln. Mehr zu wollen ist eine
durchaus gute Energie, weil sie uns antreibt und fordert. Wir nutzen
dadurch unsere Talente. Wer dies nicht tut, verweigert damit seine
Lebensaufgabe und bleibt in der Negativität stecken. Das ist bitter,
für ihn selbst und für die Welt.

Wer meint, sein Platz sei nicht verdient, da zu groß und zu üppig ausgestattet, sagt ebenfalls Nein zum Leben, zum Schicksal. Er
könnte seine Überfülle dazu benutzen, glücklich zu sein und sich zu
verströmen. Er könnte mit anderen teilen. Er könnte seine Macht

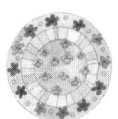

und seinen Einfluss nutzen, um etwas Gutes in der Welt zu bewegen. Steht er stattdessen mit verschränkten Armen da und lehnt alles ab, was ihm möglich wäre, ist das gleichzusetzen mit Selbstmord. Es bedeutet, er nimmt seine Talente nicht an, er nimmt seine Geschenke nicht an, er nimmt sein Leben nicht an. Auch das ist traurig, für ihn selbst und für die Welt.

Es ist befreiend anzuerkennen, dass der Platz, in den wir hineingeboren wurden, für unseren Start ins Leben der richtige für uns war. Verändern oder verlassen können wir diesen Ort. Das steht uns frei.

»Hier bin ich richtig gelandet« ist ein Satz, der nachträglich mit dem Schicksal versöhnt. Hierzu gehört auch die Überzeugung, dass wir alles mitbekommen, was wir zur Erfüllung dieser Aufgaben brauchen. Alle notwendigen Anlagen und Talente, um die Herausforderungen unseres Lebens zu bewältigen, tragen wir in uns.

So zu denken, befreit unmittelbar vom Stress. Zuversicht kann sich endlich ausbreiten. Wir trauen uns zu, Macher zu sein. Wir nehmen Querschläge nicht persönlich, sondern stehen darüber. Wir können auch mal über Schieflagen lachen. Das Leben und seine Probleme mit Humor zu sehen und gekonnt zu regeln, wird zur Selbstverständlichkeit.

Von der besonderen Energie im August lässt sich diese Selbstverständlichkeit bestens lernen. Denn dieser Monat ist machtvoll und kraftvoll. Er ist die Krönung des Sommers. Da steht einem alles zu – Freizeit, Sonne, Früchte, Leben. Der August steht für die Fülle. Die Natur gibt reichlich. Von allem ist viel vorhanden. Es ist ein guter Monat um die Fülle auch im eigenen Leben spüren zu lernen. Wie die Natur überreichlich ihre Früchte produziert und freigiebig verteilt, so können auch wir uns wie Könige in unserer Welt fühlen. Wir können uns reich und mächtig fühlen und sein. Wir können lernen, Herrscher zu sein, der Beherrscher des eigenen Lebens.

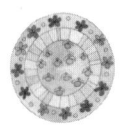

Die Königsübung, um dem Unterbewusstsein diese Einstellung zu vermitteln

Suchen Sie sich einen ruhigen Platz. Sie sollten ungestört sein, sodass Sie sich völlig in sich versenken können. Stellen Sie einen Stuhl auf diesen Platz und setzen Sie sich darauf. Fühlen Sie sich wie ein König, eine Königin. Sitzen Sie aufrecht, sodass auch eine Krone nicht herabfallen könnte. Fühlen Sie Ihre Krone. Nehmen Sie wahr, wie die Krone Sie mit dem Himmel verbindet. Fühlen Sie den Segen, der dadurch auf Ihrem Leben liegt. Atmen Sie tiefer, und fühlen Sie Ihre Füße, die schwer auf dem Boden stehen. Fühlen Sie den Kontakt zur Erde. Fühlen Sie sich ein in sich selbst, in Ihren Platz. Es ist Ihr Platz. Es ist Ihr Thron. Es ist Ihr Recht, hier zu sein. Wenn Sie Ihren Platz einnehmen, sind Sie der Regent Ihres Lebens. Von hier aus können Sie Ihr Leben regieren. Sie können Einfluss nehmen. Sie können gestalten. Sie haben Schöpferkraft. Wenn Sie aus Ihrer Versenkung wieder auftauchen, nehmen Sie die Erinnerung an Ihre Königswürde mit. Spüren Sie Ihre Krone und wissen Sie: »Hier bin ich richtig!«

Auf dem eigenen Platz zu stehen heißt auch, nicht mehr zuzulassen, dass sich andere einmischen. Es heißt aber auch, nicht auf den Plätzen anderer zu »wildern«. Denn viele, die bei sich nicht »zu Hause« sind, kennen sich bei anderen sehr gut aus. Sie meinen, stets besser zu wissen, was für die Familie, Freunde und Kollegen richtig wäre. Indem sie auf dem eigenen Platz stehen, haben sie nun beides nicht mehr nötig. Das macht selbstbewusst und frei.

Verlegen Sie Ihren Tätigkeitsdrang im August in den Süden, zum Bagua-Bereich »Erfolg und Anerkennung« (→ Seite 118 ff.). Dadurch

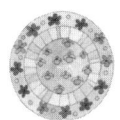

können Sie spürbar Ihren Erfolg steigern und Anerkennung gewinnen. Vor allem aber gelingt es Ihnen, Ihre Besonderheit zu sehen, egal, was die anderen denken und sagen. Sie erkennen auch die Besonderheit anderer und sehen sich alle als Individuen. So werden Sie immer unabhängiger von Lob und Kritik.

Zugleich können Sie auch den westlichen Bereich »Kinder und Kreativität« (→ Seite 124 ff.), der bereits im März an der Reihe war, noch weiter aufbauen. Damit entwickeln Sie einen guten Kontakt zu Kindern, auch zum inneren Kind. Und auch die schöpferischen Fähigkeiten erfahren nochmals einen Schub. Insbesondere kraftvolle Farben wirken jetzt wahre Wunder in Richtung selbstbewusstes Zu-sich-Stehen.

Meditative Gedanken zum Schild »August: Zeit der Fülle«

Ich nehme mein Leben in die Arme und drücke es liebevoll an mein Herz – so, wie es ist. Denn ich habe mein Leben gern. Ich bin dankbar, dass ich da bin, und ich bin voller Vorfreude auf das, was noch kommt. Ich begreife das Leben als herrliches Spiel und weiß, dass ich es mitgestalten kann.

September: Zeit der Ordnung

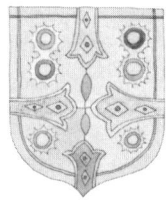

Mögen Sie die spätsommerliche Wärme im September, die so gut verträglich ist, mögen Sie die Ruhe und Ausgeglichenheit, die diese Zeit verströmt? Vom Wetter her ist es ein wunderbar warmer und freundlicher Monat, eine Zeit, die man lieben könnte. Dennoch nimmt gerade jetzt bei sehr vielen Leuten der Stress rasant zu. Der Grund ist: Der Urlaub ist für sie zu Ende, Schule und Arbeit fangen wieder an, der Leistungsdruck steigt gewaltig. Zu Hause ist es nicht anders. Haus und Wohnung haben im Sommer wenig Zuwendung erfahren, sie müssen dringend gründlich versorgt werden.

Wohin man auch blickt: Die Arbeit ruft. Ade Entspannung, ade Sommer, ade Lebensfreude. Wirklich? Wer so denkt, lädt den Stress erst recht in sein Leben ein. Lassen Sie das nicht zu. Lassen Sie das nicht mit sich machen! Grenzen Sie sich ab, ganz bewusst und jeden Tag wieder. Im Grunde wissen Sie doch, wie es geht: Wenn sich eine Gegebenheit nicht ändern lässt, müssen wir einen Weg finden, das zu lieben, was ist. Und das ist nun mal in unseren Breiten das Ende des Sommers. Der Beginn von Herbst und Arbeitszeit aber muss nicht das Ende der Lebensfreude bedeuten, ganz sicher nicht.

Der September bringt eine ganz besondere Energie mit sich, die Energie des Alltags. Dazu zählt alles, das wir täglich machen, die gewohnten Verrichtungen, die jeden Tag aufs Neue anfallen. Da wären das Einkaufen, Putzen und Waschen, das Arbeiten und Lernen, das miteinander Sprechen und einander Informieren. Es ist nicht das Einkaufen von neuen Möbeln oder Kunstwerken. Es ist das Einkaufen von Lebensmitteln im Supermarkt. Es ist nicht die Reinigung in der

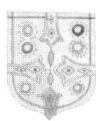

indianischen Schwitzhütte, sondern es ist das ganz normale Putzen. Es sind auch in der Arbeit nicht die Highlights, bei denen man Applaus für einen dicken Auftrag erntet. Es ist das tägliche sich Mühen, der Kleinkram, der eben auch erledigt werden will. In den Gesprächen ist es nicht der philosophische Disput, es sind nicht die romantischen Herzensergüsse. Es sind die Mitteilungen und Absprachen, die notwendig sind, damit der Alltag funktioniert.

Zu diesem Funktionieren zählt eben auch, dass man sich der Ordnung im Haus annimmt, dass man Termine plant und einhält und dass man seinen Verpflichtungen nachkommt. Das alles erscheint wenig glanzvoll. Es ist nichts, wofür man einen Orden bekommt und was man in seinen Memoiren hervorhebt. Und doch ist es das, was das Leben am Laufen hält. Wir sollten daher stolz darauf sein, dass wir all das können und dass wir es tun.

Wie kriegen wir nun mehr Liebe in den Alltag? Ganz einfach, indem wir ihn würdigen. Das geht, indem wir all die regelmäßigen Tätigkeiten achten, die wir wie nebenbei erledigen. Es geht, indem wir bewusst darauf schauen, was wir da eigentlich Tag für Tag alles leisten. Wir können uns für all das loben, was wir tun, und uns lieb haben, weil wir es tun. Wir können dankbar sein, dass wir überhaupt in der Lage sind, diese Verrichtungen auszuführen. Schenken Sie Ihrem Alltag ein Lächeln! Auch hilft es, sich in Einfachheit zu üben und diese schätzen zu lernen. Denn das Einfache ist es, was wir wirklich brauchen, nicht das Komplizierte. Ein Glas mit gutem Wasser ist notwendiger als ein bunter Drink. Brot, Obst und Käse machen auch satt, die ausgefeilte Küche ist ein anderes Mal wieder dran. Jetzt zählen die einfachen Dinge.

Schon diese kleinen Einsichten helfen, die Ordnung im Alltag als wesentliche Basis zu sehen, die uns Halt gibt und Abenteuer und Siege überhaupt erst möglich macht. Das ist nun doch etwas Besonderes. Mit dieser Einstellung wird es sogar höchst attraktiv, den Alltag leuchten zu lassen. Nicht umsonst haben Weise, Mönche und Nonnen aller Kulturen zu ihrem Ziel erkoren, die Alltagsgeschäfte achtsam und würdevoll auszuführen. Sind Sie auf der Suche nach dem Besonderen? Im September lässt sich an etwas ganz anderes andocken und erfahren, welch wertvolle Stütze ein reibungsloser Alltag bedeutet.

Die September-Energie weist uns darauf hin, wie wertvoll Eigenschaften wie Ordnung, Zuverlässigkeit und Verbindlichkeit für das Zusammenleben sind. Wenn dieser Anteil in uns seine Arbeit macht, fällt er nicht auf. Man merkt es nur, wenn diese Energie blockiert ist. Dann zeigt sie sich als Meckern und Nörgeln, als Chaos und Unordnung, als Unzuverlässigkeit und Schlamperei. Die eigentliche Leistung besteht darin, nicht die eigenen Launen und Befindlichkeiten wichtig zu nehmen, sondern das zu tun, was anliegt. Dazu gehört Ordnung zu halten, Termine festzulegen und einen Wochenplan zu erstellen. Ein praktischer Verstand und das Geschick, aus allem etwas zu machen, zählen ebenfalls dazu. Und auch Fröhlichkeit und Gemeinschaftssinn spielen mit hinein. Früher war der September außerdem der Monat des Einmachens und Einlagerns von Gartenfrüchten für den Winter. Man hortete Vorräte und schaute aufmerksam darauf, was die Natur an Essen und auch an Heilmitteln hergab. An diese Tradition lässt sich ebenfalls andocken, wodurch die Verbindung zur Natur wieder enger werden kann. Glanzlos ist die September-Zeit also durchaus nicht. Sie lädt ein, sich bewusst zu machen, wie wertvoll und tragend Ordnung und Alltag sind und alles, was dazugehört.

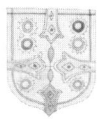

Versöhnlich wirkt es außerdem, wenn wir uns gewahr werden, dass diese spezielle Energie uns auch daran erinnert, dass das Leben in Rhythmen abläuft. Es gibt eine Zeit des Säens und eine Zeit des Erntens, eine Zeit des Arbeitens und eine Zeit des Ruhens. Pause zu machen und zu feiern ist mindestens ebenso wichtig wie die Arbeit selbst. Das eine geht nicht ohne das andere.

Finden und leben Sie Ihren Rhythmus! So wird es zur Selbstverständlichkeit, dass Sie sich nach all den bewusst ausgeführten Alltagstätigkeiten auch genauso bewusst ausruhen und entspannen. Das wiederum macht den Alltag zu einem höchst angenehmen Teil des Lebens, der die Balance wahrt zwischen Pflicht und Vergnügen.

Im Wohnen gilt es im September den Bagua-Bereich im Norden »Lebensweg und Alltag« (→ Seite 115 ff.) zu stärken. Sie kennen diesen Bereich bereits aus dem Januar. Jetzt gilt es, ihn noch einmal anzuschauen. Insbesondere die Details sind jetzt im Fokus. Entscheiden Sie sich bewusst dafür, Ihren eigenen Weg zu gehen, wie steinig, holprig, breit oder lustig er auch sein mag. Schaffen Sie Ordnung, und strukturieren Sie Ihren Alltag so, dass Sie gut damit leben können.

Meditative Gedanken zum Schild »September: Zeit der Ordnung«

Ich sortiere meine Pläne und ich konzentriere mich auf das Wesentliche. Ich sage Ja, wenn ich Ja meine. Ich sage Nein, wenn ich Nein meine. Die Klarheit, die daraus entsteht, ist beruhigend und wertvoll. Mit großer Gelassenheit packe ich an, was anliegt. Ich entscheide mich, es gern zu tun.

Oktober: Zeit des Miteinanders

Draußen ist es schon merklich kühler geworden. Der Sommer mit seinen ausgedehnten Outdoor-Aktivitäten ist definitiv vorbei. Der Rückzug in die eigenen vier Wände hat begonnen. Jetzt können wir uns auf Zweisamkeit und häusliche Harmonie besinnen und die schönen und poetischen Seiten des Lebens zulassen.

Die satten Farben des Herbstlaubes machen vergessen, dass der Winter naht. Die zunehmende Kälte und Dunkelheit werden als weniger belastend empfunden, wenn das Licht stimmt. Und das tut es mehr als genug im Oktober. So ist es nicht weiter verwunderlich, dass sich Maler und Poeten schon immer von der Schönheit des Herbstes in ihrer Kreativität besonders angeregt fühlten. Fühlen Sie sich von dem Leuchten dieses Monats ebenfalls eingeladen, und lassen Sie sich von seiner künstlerischen Energie anstecken!

Nicht nur die Natur ist wunderschön, auch drinnen wird es heimelig. Zu Hause zu sein bekommt wieder mehr Gewicht in dieser Jahreszeit. Man will es sich schön machen daheim und rückt alles ein wenig zurecht. Vielleicht werden die Bilder neu angeordnet, oder eine Wand bekommt einen farbigen Anstrich. Man sucht bunte Kissen aus, drapiert einen Vorhang vor einem großen Fenster oder zündet stimmungsvolle Kerzen an. Es macht Freude, Schönheit und Harmonie zu erschaffen – wobei die Aktivitäten zwar Spaß machen, aber nicht im Vordergrund stehen. Noch wichtiger ist das Genießen. Jetzt beschäftigen sich die Menschen stärker mit dem, was sie gern mögen, und betrachten ihre Umgebung mit neuen Augen. Das Zuhause, das ihnen im Sommer vorwiegend als Schlafstatt gedient

hat, wird jetzt wieder zu einem Ort der Geborgenheit, zu einem echten Heim.

Die neue Häuslichkeit, die in jedem Herbst auftaucht, fördert nicht nur die Freude am eigenen Zuhause, sondern lässt auch die Menschen wieder näher zusammenrücken. Sie besinnen sich auf ihre Lieben, auf ihre Familie. Vor allem die Paarbeziehungen haben nun die ganz große Chance, vertrauter, innerlicher und tiefer zu werden. Statt Strandbar und Gartenkneipe ist jetzt das Kaminfeuer angesagt. Man macht es sich zu zweit gemütlich, schaut Filme an, hört Musik, redet und kuschelt miteinander. Der Wunsch nach Zweisamkeit gehört zum Oktober dazu. Es ist, wie wenn man sich damit auf den Winter vorbereitet, damit man in der Zeit von Kälte und Rückzug nicht allein sei. So konzentrieren sich die Menschen nun stärker auf das Wir. Dazu zählt auch die Absicht, miteinander auskommen zu wollen und auch mal nachzugeben. Faule Kompromisse aber sollte man auch jetzt nicht schließen. Was auf Dauer zufrieden macht, ist echte Harmonie.

Im engen Zusammenleben ist es nicht möglich, dass alle ihren Kopf durchsetzen. Die vielen Berührungspunkte und Überschneidungen im Alltagsleben lassen es nicht zu, dass jeder all das tun kann, wozu er gerade lustig ist. Früher oder später kreuzen sich die Wege. Die einen wollen die Differenzen ausfechten und als Sieger entscheiden, was getan wird. Die anderen geben schon vor der Auseinandersetzung nach und verzichten auf ihre Wünsche. Es ist aber keine wirkliche Harmonie, wenn einer immer den bestimmenden Part übernimmt und der andere immer nachgibt. Dieses ständige Macht-Ohnmacht-Gefälle ist kein echter Frieden und daher kein stabiler Zustand.

Wahre Balance im Zusammenleben bedeutet, sich von Fall zu Fall abzusprechen und abzustimmen. Es erfordert, mal zäh bei sei-

ner Meinung zu bleiben und mal nachzugeben. In den meisten Fällen gibt es sowieso einen dritten, einen gemeinsamen Weg. Diesen heißt es zu finden, dann wird das Zusammenleben vom Herzen her harmonisch. Die Energie des Oktobers trägt den Willen nach Harmonie und Balance in sich – und damit auch die Kraft, dieses Ziel zu erreichen.

Worauf also gilt es im Oktober zu achten? Die vier wichtigsten Botschaften sind:

- »Sorge für wahre Harmonie.«
- »Lass die Schönheit in deinem Leben wachsen.«
- »Lebe gern.«
- »Lebe gemeinsam.«

Mit diesen wenigen Sätzen stecken Sie den Rahmen ab für das, was Ihnen in dieser Zeit wichtig sein sollte. Lassen Sie sich vom Alltag nicht beirren. Zu oft drängen sich auch jetzt alle möglichen Aufgaben, Pflichten und Karrierepläne in den Vordergrund. Diese Projektion auf Leistung und Erfolg lässt sich nicht komplett abschalten. Umso wichtiger ist es, gerade jetzt die feinsinnigen Angebote der Oktober-Energie nicht untergehen zu lassen.

Praktische Ideen, die sie darin unterstützen

Besuchen Sie ein großes Kunstmuseum, und lassen Sie die Werke alter und neuer Meister auf sich wirken. Gehen Sie spazieren, um die Schönheit der Natur tief in sich aufzunehmen. Baden Sie Ihre Augen in Farbe und Licht, bis Ihr Innerstes ebenfalls anfängt zu leuchten. Besuchen Sie Konzerte, oder hören Sie zu Hause Musik, intensiv und lange, bis Ihr ganzes Wesen von Tönen erfüllt ist und selbst anfängt zu schwingen.

Unternehmen Sie so viel wie möglich mit Ihrem Partner. Erinnern Sie sich an gemeinsame alte Interessen, und finden Sie neue. Gehen Sie aufmerksam miteinander um. Nehmen Sie Ihren Partner und andere Menschen, die Ihnen nahestehen, wieder bewusst wahr. Denn nichts ist selbstverständlich. Schauen Sie auf sie mit liebevollem innerem Blick.

Jede Berührung, jedes Gespräch, jede Form des Miteinanders gewinnt dadurch an Wert und verzaubert Ihren Oktober und Ihre Beziehungen. Sollten Sie gerade Stress im Zusammenleben haben, erinnern Sie sich: Auch das gemeinsame Genießen lässt sich (wieder) lernen. Im Oktober kann das gut gelingen, denn er ruft dazu auf, sich ein schönes Leben zu machen und die Zweisamkeit zu genießen.

Daher ist jetzt die wichtigste Zeit um sich den Bagua-Bereich im Südwesten, »Partnerschaft und Erde« (→ Seite 108 ff.), zuzuwenden. Auch wenn Sie hier im Mai schon tätig geworden sind, sollten Sie sich Ihr Werk mit etwas Abstand jetzt nochmals anschauen.

Lassen Sie sich auf Gemeinsamkeiten ein. Stellen Sie fest, welche Interessen Sie zueinander führen und welche Sie trennen. Sortieren Sie faule Kompromisse aus, und schließen Sie stattdessen tragfähige Vereinbarungen, die für beide Seiten ein Gewinn sind.

Meditative Gedanken zum Schild »Oktober: Zeit des Miteinanders«

Ich erkenne die Schönheit und Harmonie in der Welt. Ich erlaube mir zu geben und ich erlaube mir zu nehmen. Ich sehe, dass beide Seiten notwendig sind, um in Balance zu leben. So komme ich in Harmonie und bleibe in Harmonie. Damit beginnt meine Schönheit von innen heraus zu strahlen.

November: Zeit der Tiefe

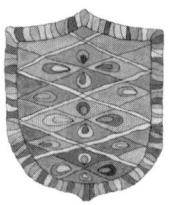

Im Spätherbst geht es oft nochmals hoch her. Große Anstrengungen werden gefordert. Jeder möchte vor dem Jahresende noch sein Soll erfüllen. Das aber kann schnell zu viel werden. Die Gefahr von Überlastung und Burn-out steigt. Viele sehnen sich nun danach, einfach mal die Decke über den Kopf zu ziehen und von der Welt da draußen nichts mehr mitzukriegen. Sich nicht engagieren, nichts leisten, nichts bringen zu müssen. Nur dazusitzen und den Gedanken und Gefühlen freien Lauf zu lassen. Das wäre doch wirklich einmal schön.

Grübeln und Sinnieren sind in unserer Gesellschaft aber nicht gefragt, was den Umgang mit Problemen anbelangt. Angesagt ist es, sich seinen Herausforderungen zu stellen und aktiv deren Lösung anzugehen. Das zeichnet Macher aus, darauf werden wir alle getrimmt. In der Tat ist dies durchaus eine gute Methode, um mit den diversen Belastungen umzugehen. Denn je eher wir durch ein Thema hindurch sind, desto schneller sind wir wieder leistungsfähig. Wir funktionieren wieder. Toll, nicht wahr? Nur, warum sind wir dann trotzdem alle so müde? Warum nehmen die Gefühle von Ausgelaugtsein und Überforderung so rasant zu?

Da kommt der November wie gerufen. Denn die besondere Energie dieses Monats bringt zweierlei mit sich: einerseits Zähigkeit und Leistungskraft, andererseits die Erlaubnis, in die eigenen Seelentiefen abzutauchen und hier ausgiebig zu gründeln. Die Natur macht jetzt ganz langsam. Sie nimmt sich Zeit, das abgefallene Laub, die verwelkten Blüten und die verdorrten Früchte zu verrotten. Es ist, wie wenn

die Erde nochmals alles gründlich durchkauen würde, bis schließlich aus der Summe des »Abfalls« neuer Boden und guter Humus wird.

Es entspricht der Qualität dieser Zeit, sich ausgiebig einer Sache anzunehmen. Es muss nicht immer schnell gehen, denn die schnellen Lösungen sind nur manchmal gut. Zur Aufbruchsstimmung im Frühling passen sie. Aber jetzt, mitten im November, jetzt gilt es, in die Tiefe abzutauchen und in den eigenen Sümpfen herumzudümpeln. Das ist vielleicht keine leichte Aufgabe. Notwendig ist sie dennoch. So gründlich macht es die Natur nur einmal im Jahr, im November eben. Das können wir auch!

Orientieren Sie sich am Ablauf in der Natur, und machen auch Sie jetzt langsam. Halten Sie inne. Gönnen Sie sich Zeit zum Grübeln. Lenken Sie den Blick nach innen. Wenden Sie sich bewusst einem Erlebnis aus der Vergangenheit zu. Sinnieren Sie tief und gründlich. Wälzen Sie ein Problem hin und her. Betrachten Sie es von allen Seiten. Es ist genau richtig, wenn Sie sich jetzt in ein Thema vertiefen, ja hineinsteigern.

Der November ist außerdem der perfekte Zeitpunkt, um alte, angefangene Projekte aus der Schublade zu holen. Jetzt können Sie sie durchforsten, sortieren, bis ins letzte Detail durchdenken und zu einem Ergebnis bringen. Dieses kann sein, dass Sie ein Vorhaben endgültig verwerfen, es kann aber auch heißen, dass Sie etwas daraus machen. Beides braucht Aufmerksamkeit. Schauen Sie auch Vorhaben an, die bisher nicht gelungen sind. Glänzende Ideen haben Sie entworfen, manche haben Sie abgebrochen, manche ausgereift. Nicht aus jeder Frucht wird ein neuer Baum. Manches verrottet eben. Das macht nichts, lehrt uns die Natur. Lassen Sie es geschehen. Aus diesen Erfahrungen wird wertvoller Humus, der neues Wachstum hervorbringt. Darauf lässt sich eines Tages neu aufbauen.

Genauso wie mit alten Projekten können Sie sich auch mit vergangenen Erlebnissen beschäftigen, insbesondere, wenn diese mit Verletzungen verbunden sind. Dabei spielt es keine Rolle, ob Sie verletzt wurden oder ob Sie andere verletzt haben. Beides lastet auf der Seele, und beides ruft nach Heilung. Und beides wird so oft verdrängt und abgeschoben, weil die Auseinandersetzung damit unangenehm ist. Nun ist eine Spontanheilung nach wie vor eher die Ausnahme. Im Normalfall braucht ein Heilungsprozess vor allem eines – Zeit, sehr viel Zeit. Die Natur hat jetzt genug davon.

Die besondere Kraft im November will in die Tiefe gehen, ohne Angst vor Abgründen, vor dem, was einen da erwartet. Ob Zerfallserscheinungen, Fäulnis, üble Gerüche oder schlechte Erinnerungen – die Natur versteht es, alles vergären zu lassen und es in gesunden Boden umzuwandeln.

Vielleicht werden Sie jetzt auch mit den tiefsten Gefühlen konfrontiert. Vorbei das tägliche Gleichmaß. Nun will alles durchlebt werden. Unsere Emotionen erreichen Gefilde, von denen wir nicht einmal träumen wollten. Danach brauchen wir niemanden mehr zu verurteilen, auch uns selbst nicht. Denn wir wurden mit Abgründen und deren Überwindung bekannt gemacht.

Tun Sie es der Zeitqualität gleich, und lassen Sie Ihrem inneren Müll Zeit zum Verrotten und Vergären. Sie können eine Meditation daraus machen, die sich über mehrere Wochen hinzieht, jeden Tag ein bisschen. Lassen Sie zunächst die Botschaft in sich sacken, dass die Natur im November die Angst vor schlechten Gerüchen und damit auch die Angst vor Sünden und Fehlern nimmt. Das alles gehört zum Menschsein und zum Erdenleben dazu. Auch bei einem Baum wird nicht aus jeder Blüte eine Frucht,

nicht aus jeder Frucht ein neuer Baum. Das macht nichts,
nutzlos ist dennoch nichts. Sobald Sie diese Einsicht ver-
innerlicht haben, sei es unmittelbar, sei es nach einigen
Tagen, versöhnen Sie sich mit dem eigenen inneren Unrat.
Schließen Sie Frieden mit allem, was nicht nach Wunsch
gelaufen ist. Noch während dieses Prozesses werden Sie
merken: Sie brauchen gar nicht perfekt zu sein. Es ist ein
Trugschluss zu glauben, dass Ihnen alles gelingen müsste.
Sie brauchen unter den Misserfolgen auch nicht zu leiden.
Sie können sie als Erfahrungen ansehen, die den Horizont
erweitern und uns dadurch doch reicher machen. Die Erkenntnisse, die Sie daraus gewonnen haben, dienen letztlich doch dazu, dass Sie neue Wege gehen können. Denn
irgendwann ist der Verrottungsprozess abgeschlossen,
und aus einem schweren Klumpen ist guter Humus geworden. Dann wissen Sie: Jetzt sind Sie durch!

Danach können Sie das tun, was der November auch kann – große
Leistungen erbringen. Die Energie dieser Zeit zeichnet sich schließlich nicht nur durch die Tiefen aus, sondern auch durch die Spitzen.
Das Jahr ist noch nicht zu Ende. Wir können noch die Ziele erreichen,
die wir uns im Januar gesetzt hatten. Dieser Monat bringt es mit sich,
dass wir ehrgeizig werden und die höchsten Höhen erklimmen wollen. Wie besessen können wir jetzt arbeiten und nach Bestleistungen
streben. Wir können nicht nur großen, sondern außergewöhnlich
großen Erfolg haben.

Damit diese gewaltige Anstrengung nicht auslaugt, ist es aber
notwendig, dass der Untergrund gereinigt ist. Zunächst gilt es also,
einfach nur zu sitzen, zu schauen, zu denken und zu fühlen. In alle
Richtungen, kreuz und quer. Ohne sich von Aktivitäten hetzen zu

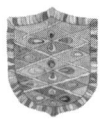

lassen. So lange, bis Sie von innen heraus Lust bekommen, sich zu bewegen und wieder anzupacken. Dann aber gewaltig. Das ist die Energie im November. In dieser Reihenfolge: Erst in die Tiefen abtauchen und sich ausgiebig um den Schlamm kümmern und um alles, was hier versackt. Wenn hier Ruhe eingekehrt ist, klärt sich das Wasser darüber und man steigt mit der Leichtigkeit einer Luftblase nach oben. Weit nach oben.

In Ihrem Zuhause können Sie die besondere Energie im November sehr gut im Nordosten, im Bereich »Konzentration und Spiritualität« (→ Seite 130 ff.) umsetzen. Diesen Bereich haben Sie im Januar schon einmal bearbeitet. Jetzt geht es darum, noch ein Stück weiter in die Tiefe vorzudringen und noch ein Stück weiter die Höhe zu erklimmen. Ergründen Sie die Beweggründe, die hinter Ihren Zielen liegen. Unterscheiden Sie, ob es gute Absichten sind, und auch ob es Ihre eigenen Ziele sind oder ob Sie sie stellvertretend für einen anderen Menschen verfolgen. Dasselbe gilt für Ihren Glauben – ist es Ihre Art, die geistige Welt zu sehen, oder haben Sie ein System übernommen? Jetzt ist die Zeit, all das zu hinterfragen und eine neue, stimmige Ordnung aufzubauen.

Meditative Gedanken zum Schild »November: Zeit der Tiefe«

Ich bekomme eine Ahnung von der Tiefe meiner Seele. Ich spüre ihre Urkraft. Hier ist die Quelle meiner Kraft und hier liegt auch der Zugang zu meiner Heilkraft. Ich weiß mich verbunden mit oben und unten. Ein Wandel ist möglich. In jedem Moment meines Lebens steht mir eine Tür zu faszinierenden Veränderungen offen.

Dezember: Zeit des Schenkens

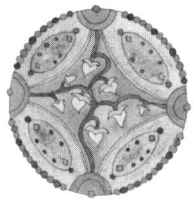

Reduzierung auf das Wesentliche? Weniger ist mehr? Mag sein, dass dies für viele Gelegenheiten eine gute Idee ist. Nicht jedoch in den Wochen vor Weihnachten und vor Jahresschluss. Da gilt das Prinzip des Überflusses. Es stimmt zwar, dass sich die Natur gerade weit nach innen zieht. Hier ist Rückzug angesagt. Die Pflanzenwelt lässt sich kaum noch blicken. Und dennoch. Natur besteht schließlich nicht nur aus Pflanzen. Schauen Sie jetzt auf andere Seiten der Natur, wie auf das Wetter.

Oftmals schneit es in diesen Tagen – und der Schneefall kann durchaus sehr üppig ausfallen. Von dem Moder und dem Verfall der Novembertage ist in Kürze nichts mehr zu sehen. Der Schnee deckt Details zu und lässt alles großzügiger wirken. Die Welt wird groß und weit. Wie verzaubert sieht eine Landschaft aus, wenn sie von einer dicken Schneedecke verhüllt wird. Das Licht ist milchig, sodass auch eine bekannte Umgebung geheimnisvoll aussieht. Man könnte ins Philosophieren geraten – und genau diese Fähigkeit gehört zu der besonderen Kraft im Dezember. Glaube, Philosophie, Weite und Größe sind in dieser Zeit beheimatet.

- Die Tage werden immer dunkler? Kein Thema, denn wir glauben an die Wiederkehr des Lichts. Tief in uns wissen wir, dass das Licht stärker ist und wiederkommen wird.
- Der Reichtum der Natur ist unter dem Schnee verborgen? Kein Problem, wir erahnen, was darunter sein könnte.
- Licht und Fülle sind nicht sichtbar? Das macht nichts, denn wenn wir nur daran glauben, wachsen auch die Ideen.

Wer soll das alles umsetzen? Welche Frage, unsere Begeisterung reißt andere mit und gemeinsam schaffen wir, dass die Vorstellungen eines Tages Form annehmen!

Ohne Ideale, Glauben und positives Denken wäre das Überleben in diesem immer dunkler werdenden Monat nahezu unmöglich. Zeit, um über Ideen und Ideale, über Gott und die Welt zu diskutieren, war auch in früheren Generationen genug, denn die Feldarbeit war getan. Mit Träumen, Hoffnungen und theoretischen Überlegungen lässt sich jede Menge Raum schaffen für das Mögliche und das Unmögliche. Alles darf sein, zumindest als Idee. Die Toleranz ist groß, und Vielfalt ist willkommen. Daher erscheint es nur logisch, diese Üppigkeit an Einfällen auch sichtbar zu machen. Die Menschen sind kreativ. Wenn die Natur kahl und trüb ist, schmücken sie die Häuser mit bunten Kugeln. Fehlt das Sonnenlicht, werden Kerzen angezündet. Jetzt erst recht. Wachstum und Fülle gibt es, auch wenn sie gerade mal Pause machen. Das ist noch lange kein Grund, den Kopf in den Sand zu stecken.

Immergrüne Bäume werden ins Haus geholt, denn sie zeigen, dass nicht alles Grün erstorben ist. Grün ist die Farbe des Herzchakras und daher die Farbe von Liebe und Heilung, von Leben und Hoffnung. Wie um dies zu unterstützen, werden Kerzen und Lichter angezündet. Obst und Nüsse spenden dem Körper wertvolle Nährstoffe und dienen der Seele als Symbole der Lebenskraft. Es wird gegessen, getrunken, gefeiert und gesungen. Man beschenkt sich als Ausdruck für zukünftiges Glück und Fülle. Mit all dem wird ganz klar zum Ausdruck gebracht: »Wir glauben an das Licht, wir glauben an das Leben.«

Natürlich hängen diese Bräuche mit der Tradition von Weihnachten zusammen. Seit dem vierten Jahrhundert wird bei uns das Geburtsfest von Jesus Christus im Dezember gefeiert. Die Geburt eines Kindes symbolisiert die immerwährende Hoffnung, den Sieg

des Lebens über Zerfall und Tod. Die Begeisterung für dieses Fest ist riesig. Das erklärt sich auch daraus, dass Weihnachten untrennbar mit einem jahreszeitlichen Ereignis, der Wintersonnenwende verbunden ist. Diese »Geburt des Lichts« ist ein Fest, das die Natur vorgibt. In vorchristlicher Zeit wurde dieses Ereignis ebenfalls gefeiert – als Wiederkehr des germanischen Gottes Balder. Er gilt als Gott des Lichts und des Guten. Hier zeigt sich dieselbe Erkenntnis: Das Licht triumphiert über die Dunkelheit.

Bevor es so weit ist, gilt es aber, hartnäckig daran zu glauben. In diesem Glauben, in diesem Vertrauen liegt das eigentliche Geheimnis dieser Zeit. Wenn wir also jetzt die Umgebung prachtvoll schmücken und glänzen lassen, dann spricht daraus ein unverbrüchlicher Optimismus. An das Licht zu glauben in der Zeit der größten Dunkelheit, das zeugt von wahrer Glaubenskraft.

Reduzieren und Entscheidungen zu treffen sind erst im Januar die großen Themen. Das geht dann sehr schnell. Schon kurz nach Weihnachten wird den meisten Menschen alles zu viel. Der gerade noch so herrliche Schmuck wird als überladen empfunden. Das reichliche Essen liegt schwer im Magen, die feinen Plätzchen, die in der Adventszeit so verlockend waren, lösen nur noch Abwehr aus. Wie gut, dass genau dann der Januar mit seiner Klarheit Einzug hält und für Ordnung sorgt.

Zunächst aber ist die Zeit der Fülle, des Reichtums, des Überflusses. Tauchen Sie richtig ein, dann haben Sie später auch Gründe, um zu reduzieren. Kosten Sie nicht nur, nippen hier und probieren da. Setzen Sie sich mittenrein in den Pudding, schwelgen Sie in der Fülle wie Dagobert Duck in seinem Berg aus Goldstücken. Spielen Sie mit Worten:

- Was macht es mit Ihnen, wenn Sie sich dauernd die guten Dinge verkneifen? Die Gefahr ist groß, verkniffen zu werden.

- Was passiert, wenn Sie sich ständig etwas versagen? Das Gefühl des Versagens kommt auf.
- Wie reagiert Ihr Inneres, wenn Sie ständig etwas müssen? Müdigkeit macht sich breit.

Erlauben Sie sich stattdessen zu schwelgen, zu genießen, zu wollen und zu dürfen.

Wer den Rhythmus der Natur kennt, weiß, dass die Zeiten des Rückzugs und der Reduzierung wichtig sind. Sie sorgen für Orientierung. Wir können uns neu sortieren. Zu diesem natürlichen Rhythmus zählen aber auch die Zeiten der Fülle. Hier hakt es häufig. Denn obwohl wir in einem Land leben, in dem es scheinbar an nichts mangelt, haben doch viele Menschen ein riesiges Problem damit, sich und anderen die Fülle zu gönnen. Bei manchen liegt es daran, dass sie materielle Fülle für verwerflich halten. Bei anderen liegt die Abwehr mehr im ideellen Bereich. Sie haben Furcht, fremde Gedanken und Meinungen zuzulassen. Ängstlich klammern sie sich an das, was sie schon immer kennen, und verschließen sich damit vor neuen Erfahrungen. Manche kennen auch beide Seiten und sind in all diesen Ängsten zu Hause. Damit kann sich das Leben schließlich wie ein enges Korsett anfühlen. An dem zu kleben, was man hat und kennt, zeugt nicht von Größe und auch nicht von Vertrauen. Dies fehlt sowohl denen, die meinen, mit der Macht der Materie nicht umgehen zu können, wie auch denen, die sich vor neuem Gedankengut fürchten.

Über sich hinaus zu wachsen, den Überfluss im Denken, Fühlen und Sein zu leben, erfordert aber beides, Größe und Vertrauen. Im Dezember ist es möglich. Die geheimnisvolle Energie in der Zeit vor der Sonnenwende, vor Weihnachten bringt den Glanz in uns und um uns zum Vorschein.

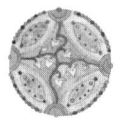

Fülle und Überfluss zu leben bedeutet auch, sich des eigenen Reichtums bewusst zu werden und von seinem Besitz und Wissen anderen Menschen und Wesen etwas abzugeben. Erfreuen Sie sich wieder an der schönen Tradition des Schenkens, das in der Weihnachtszeit seinen Höhepunkt findet. Dazu müssen Sie nicht dem Kommerz verfallen – schenken lassen sich auch Erlebnisse, wie Kinokarten, oder kulinarische Kreationen. Vor allem aber ist es die gemeinsam verbrachte Zeit, die für die glückliche Erfahrung der Verbundenheit öffnet. Nehmen Sie die Dezember-Energie zum Anlass, Ihre persönlichen Grenzen zu öffnen. Üben Sie Vertrauen statt Besorgnis. Heben Sie Begrenzungen auf. Genießen Sie über alle Maßen. Lernen Sie, beschenkt zu werden und selbst zu geben. Teilen Sie Ihre Gedanken, Ihre Gefühle und Ihre Erfahrungen. Teilen Sie mit anderen Menschen. Laden Sie das Glück in Ihr Leben ein. Teilen Sie das Glück.

Das lässt sich im Alltag prima üben. Wenn Ihnen jemand etwas schenkt, was an Weihnachten durchaus geschehen kann, sagen Sie nicht abwehrend: »Das wäre doch nicht nötig gewesen«, sondern strecken Sie die Hände aus und nehmen Sie Ihr Geschenk freudig und dankbar an. Wenn Sie das nächste Mal ein Geschenk überreichen, geben Sie es mit einem strahlenden Lächeln. Geben Sie mit offenem Herzen. Geben Sie gern.

Und wenn Sie in einer weltanschaulichen Diskussion feststellen, dass Sie gerade mal wieder eifrig Ihre Meinung durchsetzen wollen, unterbrechen Sie sich und verlegen Sie sich auf das Gegenteil dessen. Lassen Sie die anderen an Ihrer Übung teilhaben, um einen lebendigen Austausch voller Erkenntnisse zu ermöglichen. Lachen Sie gemeinsam darüber.

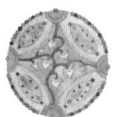

Gehen Sie mit offenen Augen und offenem Herzen in die Welt hinaus. Öffnen Sie sich für neue Ideen, neue Interessen, neue Gerüche und Geschmäcker. Verreisen Sie, tatsächlich oder in der Meditation, und erweitern Sie dadurch Ihre Welt. Leben Sie großzügig, auf allen Ebenen. Lassen Sie in all diesen Situationen und Augenblicken Ihr Denken und Fühlen sehr groß und weit werden.

Schenken Sie im Dezember dem Bagua-Bereich »Reichtum und Glück« (→ Seite 112 ff.), der im Südosten angesiedelt ist, die meiste Aufmerksamkeit. Verstärken Sie die dort angesammelte reiche Energie durch äußere Hinweise, Schilde und Symbole. Stellen Sie in sich die Verbindung zwischen Reichtum und Glück her. Erlauben Sie sich, reich zu sein, und erlauben Sie sich, glücklich zu sein. Tragen Sie es in sich, und strahlen Sie es aus. Fühlen Sie sich reich und glücklich – auf allen Ebenen.

Meditative Gedanken zum Schild »Dezember«

Ich erkenne das Licht. Ich erkenne den Sinn. Mit meiner Vergangenheit bin ich im Frieden. Meine Zukunft leuchtet. Ich weiß: Das Leben geht immer weiter. Es entwickelt sich täglich neu. Gerade deshalb lebe ich ganz bewusst im Hier und Jetzt. Dankbar erkenne ich das Leben als ein großes Geschenk.

AUSBLICK

Nach dieser Fülle von Anregungen ist es mir ein Bedürfnis, nochmals darauf hinzuweisen, dass Sie keine davon zum unverrückbaren Programm werden lassen. Wir Menschen sind so unterschiedlich. Und immer noch entwickelt sich unsere Individualität weiter. Genau deshalb funktioniert es auch nicht, ein System für alle gültig machen zu wollen. Doch es kann Menschen, die gerade eine ähnliche Entwicklung durchlaufen, eine Zeit lang begleiten und unterstützen.

Wenn das Leben durcheinandergeraten ist, hilft es ungemein, auf eine Struktur bauen zu können, um wieder in eine neue Ordnung zu kommen. Dazu sind all diese Vorschläge gedacht. Sie können mit Raum und Zeit arbeiten, sich also mit Symbolen die Umgebung aufbauen oder sich eine Monatsenergie zur Unterstützung holen. Hören Sie in jedem Fall auf Ihre innere Stimme. Diese ist das wichtigste »Werkzeug«, das Sie haben. Wenn der Zugang dazu gerade verschüttet ist, was in einer chaotischen Lebenssituation oder in einer bestimmten Entwicklungsphase durchaus der Fall sein kann, probieren Sie zunächst die Übungen aus, die Ihnen leichtfallen. Machen Sie danach alle Übungen der Reihe nach durch, wenn Sie spüren, dass sie Ihnen guttun. Oder suchen Sie sich einzelne Themen heraus, und setzen Sie nur das in Ihre Realität um, was Sie aktuell anzieht. Sie können auf die unterschiedlichen Elemente zugreifen wie auf einen Baukasten. Sie sind die Erfahrungen, das Wissen, das Ihnen im Hintergrund zur Verfügung steht. Sie sollen Sie dazu anregen, schließlich wieder mit Freude eigene, neue Wege zu gehen.

Begeben Sie sich auf Entdeckungsreise!
Dazu wünsche ich Ihnen alles Liebe.

Ihre Barbara Arzmüller

DANKSAGUNG

Danke an all die liebevollen Energien von Menschen und himmlischen Wesen, die mich von der Idee bis zur Fertigstellung eines Buches inspirieren und begleiten. Ein lieber Dank geht an meine Eltern, die mir einen guten Platz im Leben geschenkt haben. Von Herzen danke ich meinem Mann Helmut, dass er immer für mich da ist. Seine Liebe trägt mich durch alle Turbulenzen. Ich danke meiner Familie, meinen Freunden und all den Menschen in meinem Leben, die mich lieben, bestärken und anregen. Ich danke meinem Verleger Raphael Mankau und seinem kompetenten Team für ihre Unterstützung bei der Realisierung dieses Buches. Ich danke meiner Lektorin Julia Feldbaum für ihre einfühlsamen Korrekturen und die gelungene Feinabstimmung. Außerdem bedanke ich mich schon im Vorfeld ganz herzlich bei allen Menschen, die dieses Buch lesen. Möge es Ihnen Wünsche erfüllen.

Barbara Arzmüller

LEUCHTENDE CHAKREN

Farbmeditationen, Yogaübungen und Mudras

Zum Buch:

Chakren sind die wesentlichen Energiezentren in unserer Aura. Ihnen sind die sieben Farben des Regenbogens und damit universale Qualitäten des Lebens zugeordnet. Die Chakren bündeln unser Potenzial und sind mitverantwortlich für unseren Erfolg, unsere Gesundheit und kreative Ausdruckskraft. Auch die Beziehungsfähigkeit, die Liebe und die Selbstliebe werden von ihnen beeinflusst. Ohne gesunde und leuchtende Chakren geht nichts im Leben!

Anschaulich beschreibt die Autorin, wie es sich anfühlt, wenn die Chakren verblasst und geschwächt sind, und wie wichtig es ist, sie wieder zu aktivieren. Mit Farbmeditationen, speziellen Yogaübungen und passenden Mudras (symbolischen Gesten) lässt sich der Blick abwenden von der täglichen Überforderung hin zu Glück, Kreativität und Schönheit. So können sich die positiven Werte tief im Bewusstsein verankern.

* Alle sieben Chakren leicht verständlich und übersichtlich erklärt
* Farbmeditationen zur Reinigung und Harmonisierung der Chakren
* Unterstützende Yoga- und Mudra-Übungen

Bringen Sie Ihre Chakren zum Leuchten – für mehr Gesundheit und Harmonie in Ihrem Leben!

Mankau Verlag, 2. Auflage 2018
Taschenbuch, 12 x 19 cm, 223 Seiten
9,95 € (D) / 10,30 € (A), ISBN 978-3-86374-268-3

Barbara Arzmüller

CHAKREN- UND FARBMEDITATIONEN

2 Audio-CDs zur Stärkung Ihrer Energiezentren

Zur Doppel-CD:

Chakren sind die Energiezentren des Menschen, sie sind wie Tore in unserer Aura, über die der Energieaustausch mit Erde, Umwelt und Himmel möglich ist. In der indischen Mythologie sind ihnen die universellen Qualitäten des Lebens und die Farben des Regenbogens zugeordnet.

Die sieben Hauptchakren reihen sich – entlang der Wirbelsäule – vom Beckenboden bis zum Scheitel auf und sind auf körperlicher Ebene mit unseren Drüsen und Hormonen verbunden. So wirken sie intensiv auf unsere physische wie psychische Verfassung und bestimmen unseren Charakter, unsere Emotionen, unsere Gesundheit und unser Wohlbefinden, kurz: Starke und strahlende Chakren spielen eine entscheidende Rolle für unser Lebensglück.

Die Meditationen auf dieser Doppel-CD ermöglichen es Ihnen, Zugang zu Ihren Chakren zu finden, sie zu reinigen, vor negativen Einflüssen zu schützen, zu stärken und zum Leuchten zu bringen:

CD 1: Die Elemente-Meditation ist die Grundlage, damit Aufbaumeditationen, Symbole und andere Chakra-Anwendungen wirken können. Die Regenbogen-Meditation hilft, alle sieben Hauptchakren in Bewegung, in Harmonie und zum Strahlen zu bringen.

CD 2: Mit den sieben Farbmeditationen lassen sich die Chakren einzeln aufbauen und stärken. Sie wirken klärend, schützend und ausgleichend auf die Chakren und fördern somit das gesamte Wohlbefinden.

Die ideale Ergänzung zum Ratgeber »Energie- und Schutzschilde. Belastungen abwehren, Chakren stärken und positive Kräfte anregen«!

Mankau Verlag, 1. Auflage 2017
2 Audio-CDs, 8-seitiges Booklet, ca. 105 Min. Gesamtlaufzeit
15 Euro UVP (D/A), ISBN 978-3-86374-438-0

Barbara Arzmüller

ENERGIE- UND SCHUTZSCHILDE

Belastungen abwehren, Chakren stärken und positive Kräfte anregen

Mit 14 bejliegenden Schild-Karten

Zum Buch:

Nach uralter Weisheitslehre sind die Chakren die spirituellen Energiezentren des Menschen. Sie wirken auf physischer und psychischer Ebene und beeinflussen unsere Emotionen sowie unseren Charakter. Der Schutz und die Aktivierung der Chakren sind daher wesentlich für unser Leben.

Sehr viele Menschen fühlen sich ausgelaugt oder überarbeitet und verlieren Energie. Schutzschilde helfen dabei, Angriffe von Energieräubern abzuwehren; Energieschilde fördern gezielt den Aufbau der Chakren. Ein Energieschub über die Chakren stellt das körperliche und seelische Gleichgewicht in Bezug auf den Beruf oder das persönliche Lebensglück wieder her.

Das Buch beschreibt Funktion und Wirkung der Chakren und ihrer Farben. Jedes Chakra wird erklärt – wie es wirkt, wenn es blockiert ist, und wie es wirkt, wenn es geöffnet ist. Mithilfe der im Buch abgebildeten 21 Schutzschilde und 21 Energieschilde werden die Chakren schon beim Lesen – wie bei einer Bildmeditation – auch auf unbewusster Ebene angesprochen. So kann die Energie unmittelbar wirken.

- Ausführliche Vorstellung der insgesamt 42 Schutz- und Energieschilde
- Vielfältige Möglichkeiten zur Anwendung in der individuellen Energiearbeit
- 14 beiliegende Farbkarten: je ein Schutz- und ein Energieschild pro Chakra

Mankau Verlag, 1. Auflage 2017
Klappenbroschur, 16 x 22 cm, durchgehend farbig, 143 Seiten
mit 14 beiliegenden Farbkarten (13 x 19 cm)
21,30 Euro (D) / 21,90 Euro (A), ISBN 978-3-86374-406-9

REGISTER

Roswitha Stark

RITUALE IM JAHRESKREIS

Heilung für Körper, Seele und Erde im Rhythmus der Natur

17,90 € (D) / 18,50 € (A)

ISBN 978-3-86374-168-6

Roswitha Stark vereint in diesem Buch die traditionellen Rituale der keltischen und germanischen Tradition mit modernen Methoden der Informationsmedizin und des Quantenbewusstseins. Zu den acht wesentlichen Stationen im Jahreskreis – wie etwa Winter- und Sommersonnenwende, Frühlings- und Herbstfeste, Tag- und Nachtgleiche – finden Sie besinnliche und wirkungsvolle Ritualvorschläge für sich alleine oder in der Gruppe.

So vereint sich der alte Pfad des kraftvollen traditionellen Heilwissens mit dem neuen Weg der energetischen Informationsübertragung zum Wohle aller Lebewesen. Profitieren auch Sie von der ordnenden Kraft der Rituale an Körper, Geist und Seele!

Roswitha Stark

RITUALE IM JAHRESKREIS (HÖRBUCH)

Meditationen für Körper, Seele und Erde. Hörbuch mit Einführung in die Ritualarbeit

15,– € (D/A)

ISBN 978-3-86374-189-1

Roswitha Stark lädt ein, alltägliche wie auch die kraftvollen Rituale der keltischen und germanischen Tradition lebendig und heilsam zu gestalten. So kommen Körper, Geist und Seele zur Ruhe und können frisch gestärkt den Anforderungen des täglichen Lebens begegnen. Wenn wir lernen, achtsam mit unseren Ritualen umzugehen, spüren wir, dass unser Bewusstsein uns selbst, die Erde und sogar das Universum heilen kann.

Gerhard Merz

RAUHNÄCHTE. KOMPAKT-RATGEBER

Das Mysterium der zwölf Schicksalstage

8,99 € (D) / 9,20 € (A)

ISBN 978-3-86374-416-8

„(...) Es war die Art, wie Gerhard Merz über Odins wilde Jagd und die alten Mythen erzählt. Das hat mich gepackt, daran bin ich hängengeblieben. Er hat die alten Sagen gelesen und gibt sie kurz, prägnant und packend wieder. Das ergänzt er mit Brauchtum, Traumdeutung und Orakeleien."

blog.geschichtenagentin.de

Thomas Künne
HEILEN MIT KOSMISCHEN FARBEN
Stimmige Farbanwendungen für Gesundheit und
Wohlbefinden. Mit 11 Farbtafeln

20,– € (D) / 20,50 € (A)
ISBN 978-3-86374-352-9

Der praktische Ratgeber erklärt anschaulich und leicht verständlich – basierend u.a. auf der „Sphärenharmonie" nach Johannes Kepler und der Archetypenlehre nach C. G. Jung –, wie sich die Schwingungen der Planeten unseres Sonnensystems nutzen lassen, um die Selbstheilungskräfte zu aktivieren und hinderliche oder krank machende Blockaden aufzulösen. Die „kosmischen" Farben entstehen dabei durch mehrfache Oktavierung (d. h. Verdoppelung der Frequenzen) der hörbaren Planetenfrequenzen, die bereits wirkungsvoll und heilsam in Stimmgabeltherapie und Klangarbeit mit Gongs, Klangschalen etc. eingesetzt werden.

Petra Neumayer / Roswitha Stark
HEILEN MIT SYMBOLEN
Die 64 wichtigsten Heilzeichen

9,95 € (D) / 10,30 € (A)
ISBN 978-3-86374-336-9

Symbole sind die Sprache unseres Unterbewusstseins und unserer Seele. Sie zeigen Wirkung – gerade auch im spirituellen und heilerischen Bereich. Petra Neumayer und Roswitha Stark beschreiben 64 zentrale Heilsymbole (auch erhältlich im Kartenset „Medizin zum Aufmalen"): das Strichcode-System Erich Körblers, wichtige Symbole der Heiligen Geometrie sowie bewährte Heilsymbole aus aller Welt. Sie erläutern die Botschaft und tiefere Bedeutung der kraftvollen Zeichen auf einfühlsame Weise, inspirierende Texte fördern das intuitive Verstehen. Dieses Wissen ermöglicht und verbessert den Einsatz der Heilsymbole für Gesundheit und Wohlbefinden.

Balvinder Sidhu
AYURVEDA DETOX
Ganzheitlich entgiften und entschlacken – Ayurvedische
Darmpflege – Tipps für jeden Typ und jeden Tag

12,95 € (D) / 13,40 € (A)
ISBN 978-3-86374-499-1

Entschlackung (Detox) ist in aller Munde und dabei doch schon seit Tausenden von Jahren bekannt. Bereits die alten Inder setzten auf regelmäßige Entgiftung des Körpers. Die gebürtige Inderin und Ayurveda-Expertin Balvinder Sidhu zeigt Ihnen einen einfachen, leicht umsetzbaren Weg, wie Sie Ihrem Organismus Kraft schenken und auf allen Ebenen in ein harmonisches Gleichgewicht finden.

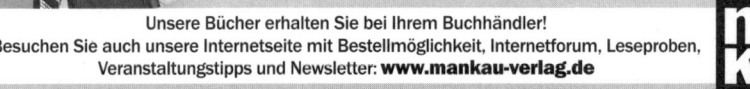